Historische Luftbilder des Ruhrgebietes

1924–1938

von
Wolfgang Schulze und Günter Richard

Herausgeber
Kommunalverband Ruhrgebiet

DAS RUHRGEBIET.

Kommunalverband
Ruhrgebiet

Verlag Peter Pomp, Bottrop · Essen

Umschlag vorne:
Zeche Lothringen in Bochum-Gerthe
(Aufnahme von 1926)

Umschlag hinten:
Villa Hügel in Essen-Bredeney
(Aufnahme von 1926)

4. Auflage 1997

Herausgeber: Kommunalverband Ruhrgebiet, Essen
Abbildungen: Archiv Kommunalverband Ruhrgebiet, Essen
Bildflug: Hansaluftbild, Münster
Herstellung: Druckerei und Verlag Peter Pomp GmbH, Bottrop
Buchbinderei: Schirk GmbH, Hamminkeln
Lithografie: Kommunalverband Ruhrgebiet, Essen

ISBN 3-89355-064-X

Vorwort

So wie im frühen Mittelalter die einzelnen fränkischen Königshöfe am Hellweg zu Keimzellen vieler Ruhrgebietsstädte wurden, so waren im 19. und zu Beginn des 20. Jahrhunderts die zahllosen Zechen, Hochöfen und anderen Betriebsstätten der Montanindustrie Mittelpunkte, um die herum sich eine — geradezu verwirrende — Stadt- und Industrielandschaft entfaltete.

Ohne ordnende Hand, ohne übergeordnete Planung entwickelte und etablierte sich eine vornehmlich wirtschaftlichen Zwängen unterliegende Region, deren Silhouette ihre deutlichste Ausprägung vor allem zwischen den beiden Weltkriegen erfuhr. Rücksichtslos wurden mit Zechen- und Werksansiedlungen Wunden in eine intakte Landschaft geschlagen, mehr durch Zufall blieb manche weite, zusammenhängende Fläche, manches historische Monument bestehen. Und aus eben dieser Phase der Entwicklung und ersten Verstetigung — aus der Zeit zwischen 1924 bis 1938 — stammen die Aufnahmen des vorliegenden Bandes: Historische Luftbilder, Zeitzeugen einer bewegten, zwiespältigen Epoche, aus der heraus deutlich wird, daß das Ruhrgebiet seither eine Landschaft mit einer faszinierenden Mischung aus historischen Bauwerken, weiten landwirtschaftlichen Flächen und der Industriegigantonomie ist.

In diesem Buch wird bildlich und textlich eine Zeit des Ruhrgebietes nachgezeichnet, die heute längst Geschichte geworden ist, die schon viele von uns nicht mehr bewußt erlebt haben und die im Strukturwandel der 80er und 90er Jahre zu verschwinden droht. Doch es ist eine Zeit, die trotz ihrer oft schmerzhaften Auswirkungen nicht dem Vergessen anheim gestellt werden darf. Im Gegenteil: Der Blick zurück auf die Strukturen von gestern läßt den raschen Wandel in den zurückliegenden Jahrzehnten trennscharf nachvollziehen und erlaubt damit eine abgewogene Einschätzung der Chancen, die uns die Zukunft bietet.

Mit der Herausgabe dieses Buches will der Kommunalverband Ruhrgebiet nicht nur die „alte Zeit" festhalten und dokumentieren, sondern ebenso zu einer bewußten und facettenreichen Diskussion in der und über die Region beitragen.

Prof. Dr. J. Gramke
Verbandsdirektor des
Kommunalverbandes Ruhrgebiet

Einführung

Das Ruhrgebiet – Region im Umbruch – Strukturwandel im Revier; das sind Schlagworte, die die gegenwärtige Situation im größten Ballungsraum Europas grob skizzieren. Wirtschaft und Gesellschaft des Ruhrgebietes sind rund 150 Jahre lang von der Montanindustrie geprägt worden. Die Aufgabe für die Zukunft liegt darin, die begonnene Neuorientierung fortzusetzen, den günstigen geographischen Standort zu nutzen, die bestehenden oder neu angesiedelten Betriebe auf die veränderten Anforderungen der modernen Technologie und auf die Bedürfnisse innerhalb des europäischen Wirtschaftssystems hin zu orientieren und den Dienstleistungssektor auszubauen. Daß die in Gang gesetzte Umstrukturierung bereits Früchte trägt und beste Entwicklungschancen hat, zeigen beispielsweise die innovativen Impulse, die vom High-Tech-Bereich des Ruhrgebietes ausgehen, zeigt die Entwicklung der Region von einer Bildungs- und Forschungsdiaspora zu einer hochqualifizierten Hochschullandschaft, zeigt der schnelle Aufstieg der Region zu einer Kulturmetropole Deutschlands.

Das Ruhrgebiet – kein Land von Ruß und Maloche

Wie ernst diese Aufgaben genommen werden, beweisen die zahllosen Aktivitäten privater und kommunaler Organisationen wie des Initiativkreises Ruhrgebiet, des Vereins pro Ruhrgebiet oder des Kommunalverbandes Ruhrgebiet, die sämtlich an einem Strick ziehend die eingeleitete Entwicklung unter anderem dadurch fördern, daß sie den Strukturwandel medienfreundlich transparent machen, Werbung für das Ruhrgebiet betreiben, nicht mehr zu rechtfertigende Vorurteile abbauen: das Ruhrgebiet ist nicht mehr ein „Land von Ruß und Maloche", sondern ein modernes Wirtschafts- und Kulturzentrum.
Warum nun ein Buch mit historischen Luftaufnahmen, dessen Inhalt diesen Bestrebungen scheinbar zuwiderläuft? Warum die Darstellung von Vorkriegsinnenstädten, dampfenden Zechenanlagen, brodelnden Hochöfen, die heute längst nicht mehr dominant im Erscheinungsbild des Reviers sind? Nun, ein ganzes Bündel von Gründen spricht dafür: zuerst soll mit aller Deutlichkeit hervorgehoben werden, daß die Werbung für das „neue" Revier nicht unvermeidlich mit einer Verteufelung des zuvor Dagewesenen verbunden sein muß. Es geht nicht darum, die Vergangenheit des Ruhrgebietes zu verdrängen. Im Gegenteil: nur die Kenntnis dessen, was einmal war, erlaubt einen geschärften Blick für die Probleme und Entwicklungstendenzen von heute; nur das Wissen um das Originäre des Reviers ermöglicht eine vorurteilsfreie Beurteilung der Zukunftschancen.

Lernen aus der Vergangenheit

Das allgemeine Interesse an der Geschichte des Ruhrgebietes hat in den zurückliegenden Jahren deutlich zugenommen. Zahlreiche neuere Publikationen befassen sich mit der verhältnismäßig kurzen Periode der Industrialisierung; aber auch die vorindustrielle Zeit rückt mehr und mehr in den Vordergrund, was beispielsweise durch die Ausstellung „Mittelalter im Ruhrgebiet" deutlich wurde, die 1990/91 im Essener Ruhrlandmuseum ein enormes Publikumsinteresse fand. Die bessere Kenntnis der Vergangenheit macht die aktuellen Probleme des Reviers transparenter, erleichtert die Identitätsfindung in einer sich ständig wandelnden Region. Und nicht nur am Rande sei in diesem Zusammenhang erwähnt, daß die Menschen im Ruhrgebiet stolz sein können auf ihre industrielle Vergangenheit, ohne daß die Sünden der Väter verschwiegen werden müssen.

Strukturprobleme seit der Industrialisierung

Doch zurück zum Schlagwort von der Umstrukturierung des Ruhrgebietes. Die historische Betrachtung lehrt, „daß das Ruhrgebiet in seiner traditionellen Wirtschafts- und Produktionsstruktur selbst das Ergebnis eines gigantischen Strukturwandels gewesen ist, nämlich der (ersten) industriellen Revolution. Ihre Dynamik, die innerhalb nur weniger Jahrzehnte Wirtschaft, Politik und Gesellschaft West-Europas von Grund auf veränderte, war verantwortlich für Entstehen und Entwicklung des Ruhrgebietes als Wirtschaftsregion" (Andreas Schlieper, 150 Jahre Ruhrgebiet). Einige Stichworte mögen belegen, daß das Ruhrgebiet seit der Industrialisierung des 19. Jahrhunderts geradezu der Prototyp einer sich ständig wandelnden Industrieregion geblieben ist: wellenförmig folgten Niedergang und Wiederaufbau mit immer neuen wirtschaftlichen und gesellschaftlichen Anforderungen. Dem Ersten Weltkrieg mit den sich anschließenden Revolutionen und der Ruhrbesetzung schloß sich eine kurze Phase des Wiederaufbaus und der Neuorientierung bis hinein in die dreißiger Jahre an, die geprägt waren von der nationalsozialistischen Gewaltherrschaft mit besonderen Auswirkungen auf die Rüstungsindustrie des Reviers. Nach den verheerenden Zerstörungen des Zweiten Weltkrieges folgte eine gerade im Ruhrgebiet kaum erwartete rasche Wiederaufbauphase, die erst durch die Kohle- und Ölkrisen der sechziger und siebziger Jahre und die (inzwischen konsolidierte) Stahlkrise verlangsamt wurde, was zu der noch anhaltenden strukturellen Neuorientierung zwang.

Luftbilder als Zeitdokumente

Die Luftbilder des vorliegenden Buches sind in den Jahren von 1924 bis 1938 aufgenommen worden, also im wesentlichen in der Zeit zwischen den beiden Weltkriegen. Nicht zufällig ist diese Epoche im Luftbildarchiv des Kommunalverbandes Ruhrgebiet, aus dem sämtliche Bilder stammen, besonders gut dokumentiert: um 1924 setzte die Luftbildfotographie auf breiter Front ein. Erstmals nach Ende des Ersten Weltkrieges standen nun wieder Flugzeuge für Privatfirmen zur Verfügung. Die Fotografen waren mittlerweile mit modernen Apparaten ausgestattet, um mit vergleichsweise kurzen Belichtungszeiten während des Fluges zu arbeiten. Viele Industrieunternehmen ließen erstmals Luftaufnahmen zu Werbezwecken erstellen. Und auch der 1920 gegründete Siedlungsverband Ruhrkohlenbezirk (seit 1979 Kommunalverband Ruhrgebiet) machte sich bald das neue Medium als Arbeitsgrundlage zunutze und ließ in den Jahren von 1926 bis 1928 das damalige Verbandsgebiet befliegen, um ein Luftbildkartenwerk im Maßstab 1:5000 zu erstellen. Mit Ausbruch des Zweiten Weltkrieges 1939 wurden weitere Befliegungen unmöglich, und erst 1951 konnte eine Überarbeitung des Luftbildkartenwerks in Angriff genommen werden. Heute setzt der Kommunalverband Ruhrgebiet unter anderem gezielt Farbinfrarotfilme für Luftaufnahmen ein. Aus der Reflexion des Blattgrüns lassen sich beispielsweise Vegetationsschäden von Wäldern und Straßenbäumen ableiten und aufgrund der Ergebnisse gezielt Sanierungsmaßnahmen treffen. Zudem werden vom Kommunalverband Ruhrgebiet seit einigen Jahren Klimafunktionskarten unter Zuhilfenahme von Luftaufnahmen erarbeitet, die aus speziellen Wärmebildern Auskunft über das Temperaturgefüge der Städte geben. Zum Aufspüren sogenannter „Altlasten" wird heute überwiegend historisches, aber auch aktuelles Luftbildmaterial verwandt.

Die Luftbildaufnahmen aus den zwanziger und dreißiger Jahren zählen zu den wichtigsten Dokumenten der Stadt- und Landschaftsentwicklung im Ruhrgebiet. Wegen ihrer besonderen Anschaulichkeit wurden für den vorliegenden Band fast ausschließlich Schrägaufnahmen ausgewählt; Senkrechtaufnahmen dienen eher kartographischen, planerischen oder wissenschaftlichen Zwecken. Sämtliche hier verwendeten Schrägaufnahmen sind aus offenen Flugzeugen heraus aufgenommen worden, und zwar mit unhandlichen Großformatkameras, die schwarz/weiß-Glasnegative im Format 13 × 18 cm lieferten. Das erste Modell der „Leica" mit der Möglichkeit der Kleinbildfotografie auf Normalfilm kam 1925 auf den Markt; dieses System konnte aber erst später für Luftaufnahmen eingesetzt werden. Auch die Entwicklung der Farbfotografie war noch nicht so weit gediehen, daß sie damals schon in der Luftbildfotografie hätte Verwendung finden können.

Die Abbildungen dieses Buches lassen sich schwerpunktmäßig in zwei große Gruppen einteilen: die eine zeigt Stadt- und Industrieaufnahmen, die auf der einen Seite oft deprimierend, unbarmherzig oder armselig erscheinen, auf der anderen Seite aber auch dynamisch oder gigantisch wirken können. Die andere Bildgruppe ist nostalgisch-romantisch gefärbt und erzeugt angenehme Erinnerungen. So sind Felder, Wälder, Gewässer, Bauernhöfe, Schlösser, Burgen, Bürgerhäuser oder schöne Dorf- und Ortskerne abgebildet. Jede Aufnahme bietet dem sensiblen Betrachter eine Art Sozialbericht, indem sie die äußeren Lebensumstände der Ruhrgebietsbewohner in der Zeit zwischen dem Ersten und dem Zweiten Weltkrieg widerspiegelt.

Die politische und wirtschaftliche Lage 1924 – 1938

Werfen wir nun einen kurzen Blick zurück auf die Jahre 1924 bis 1938, in denen die Luftbilddokumente entstanden sind:
1923 endeten die gewaltsamen Umsturzversuche, die die 1919 konstituierte Weimarer Republik erschüttert hatten. Das Ruhrgebiet war immer ein Zentrum der Auseinandersetzungen gewesen. Während sich in Berlin Deutschlands Wandel vom Kaiserreich zur Republik vollzog, radikalisierte sich die Arbeiterschaft im Ruhrgebiet. Streiks und Unruhen, der linksgerichtete Spartakusaufstand, der rechtsgerichtete Kapp-Putsch, gefolgt von einem wiederum linksgerichteten Aufstand, hatten 1919/20 das durch die Kriegsfolgen ohnehin gebeutelte Ruhrgebiet in eine Stätte der Anarchie verwandelt, ehe die Zentralregierung wieder Ordnung schaffen konnte. Doch schon 1923 kam es wieder zu Unruhen, als französische Truppen das Ruhrgebiet besetzten, um ausstehende Reparationsforderungen zu erpressen. Es folgte ein zunächst passiver Widerstand der Bevölkerung, der praktisch einem Generalstreik gleichkam. Die Leistungsfähigkeit der Wirtschaft ging drastisch zurück. Die Bevölkerung litt unter Hunger und Arbeitslosigkeit, verschärft durch eine galoppierende Inflation, die Ende 1923 durch die Einführung der Rentenmark, also durch eine Währungsreform, beendet werden konnte. Zwar flackerten Ende 1923 noch hier und da im Ruhrgebiet Unruhen auf, ausgelöst durch „Separatisten", die eine Loslösung des Rheinlandes von Deutschland anstrebten; doch eine Beruhigung der Lage war absehbar. Auf internationaler Ebene hatte man sich auf eine neue Lösung der Reparationsfrage verständigt. Immerhin dauerte es noch bis zum August 1925, ehe die letzten französischen Truppen aus dem Ruhrgebiet abgezogen waren. Zurück blieb eine angeschlagene Industrie, die kaum noch konkurrenzfähig war und ihre Absatzmärkte im Ausland verloren hatte. Zurück blieb auch eine verarmte Bevölkerung, die nach wie vor unter Hunger und Arbeitslosigkeit litt.

Die Jahre 1925 bis 1929 brachten eine allmähliche Besserung der Verhältnisse. Die internationale Friedens- und Verständigungspolitik, insbesondere aber amerikanische Milliardenkredite, sorgten für wirtschaftlichen Aufschwung im Ruhrgebiet; eine erste Strukturkrise im Steinkohlenbergbau, die 1925 die Stillegung von 34 Schachtanlagen erzwang, konnte rasch überwunden werden. Doch der Rückschritt kam plötzlich und unvermutet: am 25. Oktober 1929, am sogenannten „Schwarzen Freitag", fiel der Aktienwert an der New Yorker Börse um fünf Milliarden Dollar. Die Banken der USA wurden zahlungsunfähig. Alle verfügbaren Kapitalien, auch die aus Deutschland, wurden zurückgezogen. Die Weltwirtschaftskrise war da. Sie und eine Reihe anderer politischer und wirtschaftlicher Faktoren sorgten dafür, daß auch im Ruhrgebiet Industrie und Handel einen dramatischen Einbruch erlebten. Die Produktion ging zurück, so beispielsweise bei der Rohstahlerzeugung um 60%; eine neue Massenarbeitslosigkeit trat ein. 1932 gab es allein im Ruhrgebiet 120.000 arbeitslose Kumpel.

Letztlich dürften die durch die Weltwirtschaftskrise ausgelösten Folgen mitursächlich für die nationalsozialistische Machtergreifung am 30. Januar 1933 gewesen sein. Wie überall in Deutschland brachte das neue Regime im Ruhrgebiet brutalen Terror gegen politische Gegner, Verlust der Rechtsstaatlichkeit, politische Gleichschaltung, Judenverfolgungen. Auf der anderen Seite trugen die wirtschaftspolitischen Aktivitäten der Nationalsozialisten und die dadurch geförderte Investitions- und Konsumbereitschaft dazu bei, daß auch die Schlote im Revier wieder rauchten, obwohl erst 1936 die Produktionsergebnisse von 1929 wieder erreicht wurden.

Ein wesentlicher Grund für den neuen Aufschwung war sicherlich, daß die Montanindustrie des Ruhrgebietes von zentraler Bedeutung für die Rüstungspolitik Hitlers war. Mittler zwischen Industrie und Politik war in jenen Jahren die 1928 gegründete „Ruhrlade", eine Vereinigung maßgeblicher Vertreter der Montanindustrie des Reviers. Mit dem Ausbruch des Zweiten Weltkrieges am 1. September 1939 endete dieses Kapitel der Ruhrgebietsgeschichte.

Ruhrprovinz?

„Fährt man von Duisburg über Oberhausen nach Gelsenkirchen: wie eine Kriegslandschaft sieht es aus. Ein Gewirr verwahrloster Höfe; brauner Rasen, Wäscheleinen mit blauen Hosen und Blusen; altes Geschirr, verwanzte Matratzen, Berge von Gerümpel. Alte Leute und barfüßige Kinder, die sich auf den Schlackenhalden um Kohlenbrocken balgen ... Und dann: Bergmannskolonien. Militärisch ausgerichtet, auf Vordermann, Tuchfühlung mittels der Kaninchenställe, die hintendran geklebt sind. Schwangere Weiber krakeelen über die Zäune hinweg. Auf den Treppen räkeln sich die Halbwüchsigen und strömen ihre in engen Schlafkammern überreizten Pubertätsgelüste in mystisch parfümierten Ziehharmonikaweisen aus ..."
Dieser Ausschnitt aus dem Beitrag „Ruhrprovinz" von Erik Reger, geschrieben 1929, könnte im Zusammenhang mit der zuvor geschilderten unruhigen politischen Entwicklung ein Zeit- und Stimmungsbild vermitteln, in dem das Ruhrgebiet der zwanziger und dreißiger Jahre als ausgesprochen trostlose Landschaft mit von der Arbeit interessenlosen, ja depressiven Menschen dargestellt wird. Doch diese Zeichnung wäre einseitig und somit falsch.

Die „goldenen" zwanziger Jahre

Daß die zwanziger Jahre, im nachhinein als „goldene" apostrophiert, politisch und wirtschaftlich nur von kurzen Erfolgsperioden geprägt waren, kann nicht hinwegdiskutiert werden. Allerdings pflegt sich gerade in Zeiten fehlender wirtschaftlicher Prosperität eine Gegenströmung auf den Gebieten der bildenden Kunst, Musik, Literatur und insbesondere der sogenannten „leichten Muse" zu entwickeln. Nicht von ungefähr sang man damals, in den wie Pilze aus dem Boden schießenden Varietés des Ruhrgebietes, immer wieder Otto Reutters Couplet in fuffzich Jahren ist alles vorbei..., und geradezu vergöttert wurde die legendäre Claire Waldoff, Urtyp einer Berliner Göre, die aber in Wirklichkeit aus Gelsenkirchen stammt. Neben den Varietés gab es im Ruhrgebiet bald mehr und mehr Kinos, „Filmpaläste", in denen zunächst Stummfilmhits wie „Panzerkreuzer Potemkin" (1925) oder „Alraune" (1927), ab 1929 auch die sensationellen neuen Tonfilme gezeigt wurden, zu deren ersten Klassikern der „Blaue Engel" mit Marlene Dietrich (1930) und Fritz Langs „M" (1931) gehörten.
Auch das neue Medium Rundfunk gewann in dem hier beschriebenen Zeitraum schnell an Bedeutung. Wurde in den zwanziger Jahren noch vielfach der selbstgebaute Detektor verwandt, entwickelte sich in nationalsozialistischer Zeit der „Volksempfänger" zu einem Propagandainstrument.

Magie und Agitation – das expressive Theater

Das Theater erlebte zu jener Zeit einen drastischen Wandel. „Weg von der naturalistischen Milieu- und Charakterstudie", hieß die Devise. Poetisches, komödiantisches, ja phantastisches Theater, manchmal auch als Vehikel für Propaganda und Agitation, das waren avangardistische Vorstellungen, die von heute noch berühmten Regisseuren wie Max Reinhardt oder Erwin Piscator mit expressionistischen Mitteln umgesetzt wurden. Max Reinhardt zeigte 1928 auf seiner Welttournee auch in Dortmund mit überwältigendem Erfolg Hugo von Hofmannsthals „Jedermann". Ein Jahr zuvor hatte das Bochumer Schauspielensemble Bühnengeschichte geschrieben, als es im Rahmen der deutschen Shakespeare-Woche sämtliche Königsdramen zur Aufführung gebracht hatte. Der neuen Kreativität hatte sich auch die 1927 gegründete Essener Folkwang-Schule für Musik, Tanz und Sprechen verschrieben, deren Mitbegründer, der Choreograph Kurt Jooss, mit seinem Ballett „Der grüne Tisch" weltberühmt wurde.

Folkwang und noch mehr

Ebenso wie in der Wissenschaft, Literatur oder Musik war die neue Aufbruchsstimmung auch in der bildenden Kunst zu spüren, und das Ruhrgebiet war von dieser Entwicklung keineswegs abgekoppelt.
Der Kunstmäzen Karl Ernst Osthaus hatte zu Beginn des Jahrhunderts in Hagen das Folkwang-Museum eröffnet und diese Sammlung moderner Kunst bis zu seinem Tode 1921 systematisch ausgebaut. Er ließ den Brüsseler Baumeister Henry van de Velde in Hagen bauen; große Maler wie Emil Nolde oder Christian Rohlfs waren bei ihm zu Gast. Für Christian Rohlfs wurde Hagen sogar zur neuen Heimat; er lebte und arbeitete hier bis 1931. Nach Osthaus' Tod kam das Museum Folkwang 1922 nach Essen, wurde konsequent erweitert und gilt heute als international renommierte Sammlung der europäischen bildenden Kunst des 19. und 20. Jahrhunderts.
Neben dem sog. „Hagener Impuls" gab es eine Vielzahl regionaler kultureller Initiativen im Ruhrgebiet. So versuchte etwa die 1923 gegründete Künstlervereinigung „Ruhrland" im Zusammenschluß von bildenden Künstlern und Literaten Leben und Arbeit im Revier gemeinsam zu thematisieren. Zeitschriften wie der „Hellweg", von 1921 bis 1927 in Essen erschienen, oder „Der Schacht", von 1924 bis 1931 in Bochum herausgegeben, gaben dem kulturellen Leben im Revier Zusammenhalt und breite Wirkung über die Grenzen der Region hinaus.
1919 hatte Walter Gropius in Weimar das „Bauhaus" gegründet, wo, ähnlich wie in mittelalterlichen Bauhütten, Künstler und Handwerker gemeinsam schaffen und voneinander lernen sollten. Er berief Künstler wie Kandinsky, Klee, Marcks oder Feininger als Lehrer, zu denen seit 1925 auch der in Bottrop geborene Maler Josef Albers als „Bauhausmeister" gehörte.
Ein Bauhaus ganz anderer Art entstand 1931 im Ruhrgebiet – gerade streikten 75.000 Bergleute –, als in Gelsenkirchen auf einem Bauernhof die noch heute bestehende Künstler-

siedlung Halfmannshof errichtet wurde, wo Künstler aller Sparten in Werkstätten und Ateliers gemeinsam arbeiten und ausstellen durften, wo sich im Miteinander mit der Bevölkerung schöpferisches Leben entfalten konnte.

Entartet — verkauft und vernichtet

Die kurzen Hinweise mögen belegen, daß das Ruhrgebiet zu jener Zeit keineswegs ein düsterer Arbeitervorort war, sondern aktiv teilhatte an einer rasanten kulturellen Entwicklung. Nicht nur unternehmerischer Aufbruch kennzeichnete die Region, sondern auch eine starke innovative künstlerische Kraft. Das Jahr 1937 allerdings brachte einen brutalen Einschnitt in die begonnene Entwicklung, als die Nationalsozialisten alle Kunst, „die man nicht verstehen konnte", als „entartet" diffamierten und beschlagnahmten. Werke von Nolde, Kokoschka, Dix, Chagall, Klee oder Rohlfs — um nur einige zu nennen — wurden gegen Devisen ins Ausland verhökert oder einfach vernichtet. So wurden auch die wertvollen Bestände des Essener Folkwang-Museums geplündert. Zu den „Entarteten" zählten auch der Duisburger Bildhauer Wilhelm Lehmbruck, dessen lange umstrittene Skulptur „Die Kniende" heute zu den großen Schätzen des ihm gewidmeten Museums seiner Heimatstadt zählt.

Siedeln und Bauen

Historische Luftaufnahmen sind ein hervorragendes Medium zur retrospektiven Bewertung von Siedlungsentwicklungen. Das gilt auch für die vorliegende Bildauswahl, die auf den ersten Blick „von oben" deutlich macht, wie ungeordnet in den zwanziger und dreißiger Jahren die Siedlungsstruktur des Ruhrgebietes noch war. Besonders sinnfällig wird dies an den Bildern von Zechen: überdimensionierte Bergwerksanlagen wurden in rein agrarisch strukturierte Landschaften gebaut; ganz in der Nähe — „auf dem platten Land" — entstanden Wohnkolonien für die Bergleute. So gab es immer wieder das bekannte Bild der Gegensätze: grasende Kühe vor der rauchenden Zechenkulisse.

Zechen als Siedlungskerne

Der Bau von Zechenanlagen war seit jeher von den geologischen Verhältnissen der Kohle bestimmt worden. Zechen wurden so zu Siedlungskernen. Die Zeit vom Ende des 19. Jahrhundert bis zum Beginn des Ersten Weltkrieges hatte dem Ruhrgebiet eine nie gekannte wirtschaftliche Expansion gebracht mit der Folge, daß Menschen — insbesondere aus ostelbischen Gebieten — zu Hunderttausenden hierher strömten, zu Gastarbeitern wurden, die hier gebraucht wurden und für die Wohnraum geschaffen werden mußte.

Polyzentrischer Ballungsraum

Bald platzten die Städte aus den Nähten, dehnten sich aus, griffen ineinander. Es entstand ein polyzentrischer Ballungsraum aus der Expansion vieler vorindustrieller Städte, ein Ballungsraum, der ebenso ungeordnet war, wie die von der Natur vorgegebenen Standorte der Zechenanlagen. Damit war zu Beginn unseres Jahrhunderts das Ruhrgebiet eine Region, in der die Industriebauten, die Wohnbebauung und auch die Verkehrswege planlos entstanden waren, geordnet allenfalls nach den Forderungen unternehmerischer Gewinnmaximierung. In dichterischer Übertreibung, aber den richtigen Kern treffend, beschrieb Heinrich Hauser 1930 die Situation der Ruhrgebietsstädte: „Die Verdauung ist nicht in Ordnung! Das Gedärme der Städte ist verstopft. Wucherungen, Zellhaufen sind die meisten, kaum Organismus geworden. Primitive Wesen, schlauchförmig mit irgendwelchen Öffnungen Mund und After zugleich, Nervenknoten ohne Verbindung miteinander, Totes, das Lebendiges umschnürt. Planlose Ausbreitung um die Lebensquelle herum, die unter der Erde liegt."
Um 1910 entstanden die ersten Pläne für eine das Ruhrgebiet als Ganzes begreifende, übergeordnete Planung. Damals forderte Robert Schmidt, technischer Beigeordneter der Stadt Essen, in einer Denkschrift, daß „die Lösung der Siedlungsfrage für den ganzen Bezirk angestrebt werden müsse, wenn Irrwege in Zukunft vermieden werden sollten". Mit dem Ausbruch des Ersten Weltkrieges konnten solche Ideen nicht weiter verfolgt werden.

Siedlungsverband Ruhrkohlenbezirk

Erst 1919 ergriff der Essener Oberbürgermeister und spätere Reichskanzler Hans Luther erneut die Initiative und forderte eine Organisation zur Erarbeitung und Durchsetzung eines „Generalsiedlungsplans" für das Ruhrgebiet. Schon ein Jahr später entstand unter Mitwirkung aller Ruhrgebietskommunen der „Siedlungsverband Ruhrkohlenbezirk", kurz Ruhrsiedlungsverband genannt, dessen erster und in seinem Wirken für das Ruhrgebiet äußerst effizienter Direktor Robert Schmidt wurde.

Rettung des Grüns

Zwei zentrale Aufgaben waren es, die der Ruhrsiedlungsverband in den ersten Jahren seines Bestehens zu bewältigen hatte. Zum einen wurden Freiflächen geschaffen, die nicht mehr bebaut werden durften, die sog. „regionalen Grünzüge". Dies war eine Umweltmaßnahme im modernsten Sinne, denn durch das Ausufern der Städte und durch das planlose Zersiedeln der Landschaft drohte damals innerhalb kürzester Zeit jegliches Grün aus dem Ruhrgebiet zu verschwinden; um dem entgegenzuwirken wurden Aufforstungen veranlaßt und Pläne zur Begrünung von Halden, Bahn- und Kanaldämmen entwickelt.

Ordnung des Verkehrs

Zum anderen galt es, Grundstücke zu sichern, damit ein einheitliches Straßenverkehrs- und öffentliches Nahverkehrssystem aufgebaut werden konnte. So geht beispielsweise der Bau des 1932 fertiggestellten Ruhrschnellweges — noch heute Hauptverkehrsschlagader des Ruhrgebietes — auf diese ersten Aktivitäten des Ruhrsiedlungsverbandes ebenso zurück wie das Freihalten der Trasse für den sehr viel später gebauten Emscherschnellweg.

Kommunale Neuordnung

Dem Durchsetzungsvermögen Robert Schmidts war es auch zu verdanken, daß in den Jahren 1927 bis 1929 die kommunalen Verwaltungsgrenzen im Ruhrgebiet neu gezogen werden konnten. Verständlicher Widerstand der Bevölkerung mußte überwunden werden, um durch großflächige Eingemeindungen eine Verwaltungsgliederung zu schaffen, die dem Ruhrgebiet als industriellem Ballungsraum entsprach.

Industrie- und Siedlungsarchitektur

Obwohl die Bilder dieses Buches in den Jahren 1924 bis 1938 aufgenommen wurden, stammen die meisten der hier abgebildeten Bauwerke aus früheren Jahrzehnten. In den öffentlichen Bauwerken jener „Gründerzeit"-Epoche findet man häufig eine demonstrativ zur Schau getragene „historisierende" Überdekoration.

Rezeption des Mittelalters

Ähnlich verhielt es sich bei den Industriebauten, die nicht selten künstlich und aufgesetzt wirkende Romantizismen enthielten. So zeigten manche Zechenverwaltungen oder Malakofftürme mit ihren Zinnen und Türmchen starke Anklänge an Festungsbauten des Mittelalters.

Gartenstadtidylle

Bei den frühen Arbeitersiedlungen um 1860 ging es um die schnelle Errichtung großer Mengen von Wohnungen bei größtmöglicher Wirtschaftlichkeit. Der Bautyp jener Zeit ist die Zeilenbauweise, in der gelegentlich die Strenge des Klassizismus zu erkennen ist.
Der Wohnungs- und Siedlungsbau zur Jahrhundertwende verzichtete nicht auf eine formale Ausgestaltung, die das Arrangement des wilhelminischen Kaiserreichs mit dem Bürgertum zu einem Scheinfeudalismus widerspiegelte: so wie Zechen oder Fabriken als Trutzburgen der Unternehmer ausgestaltet waren, so wurden die Arbeitersiedlungen häufig als Idylle konzipiert. Entsprechend altdeutscher, romantischer Auffassung entstanden Arbeitersiedlungen mit gewundenen Straßenführungen, Grünanlagen und einer agrarisch-dörflichen Fachwerkarchitektur, die als Kontrast zur rußenden Realität und zur sozialen Not eine heile, beschaulich-niedliche Scheinwelt vorspiegeln sollte.
Kurz nach der Jahrhundertwende wurden diese Romantizismen mehr und mehr kritisiert. Bald verschwand die bisher übliche Fachwerkarchitektur im Siedlungsbau zugunsten einer strengeren Putzarchitektur.

Das neue Bauen

In der Zeit nach dem Ersten Weltkrieg wirkten sich die gesellschaftspolitischen Reformbestrebungen der Weimarer Republik auch auf die Architektur des Wohnungs- und Siedlungsbaus aus. Vielleicht auch als Reflex der Aufbruchstimmung in der bildenden Kunst verwarf man nun den historisierenden Zierrat der Gründerzeit und wandte sich dem „neuen Bauen" zu. Funktionalistische Baukörper mit expressionistischer Gestaltung wurden gerade im Ruhrgebiet entwickelt. Die Arbeitersiedlungen beispielsweise erhielten nun eine schlichtere Außenarchitektur, während der Schwerpunkt der Gestaltung auf höheren Wohnkomfort im Inneren gelegt wurde. Zahlreiche öffentliche Bauwerke, errichtet in eigenwilliger Klinker- oder Ziegelbauweise, zeichneten sich auch durch hervorragende Innenarchitektur aus. Auch die Industriearchitektur folgte den Forderungen nach funktionalistischem Bauen: gewaltige Maschinenhallen entstanden unter Verzicht auf jedes Repräsentationsbedürfnis aus Stahlfachwerk, Backstein und Glas. Dieselben Elemente wurden im Zechenbau zu formal großartigen Baukörpern verarbeitet, beispielsweise auf der 1928 bis 1932 errichteten Zechenanlage Zollverein XII in Essen, deren kubisches Bauensemble ganz ausgerichtet ist an den technischen Anforderungen eines Bergwerks, gleichwohl aber künstlerisch so durchgestaltet ist, daß sie als einer der bedeutendsten Industriebauten des 20. Jahrhunderts in Deutschland gilt (vgl. Abb. 42).

Industriedenkmale

Das hier gezeigte Gesicht des Ruhrgebietes der zwanziger und dreißiger Jahre gibt es nicht mehr. Kriege, wirtschaftliche Notwendigkeiten und vieles mehr haben die Region grundlegend gewandelt. Nur wenige der vorgestellten Bauwerke erfüllen noch heute ihre ursprüngliche Funktion, manche Industrieanlagen sind inzwischen dem Erdboden gleichgemacht worden — es ist im wahrsten Sinne des Wortes „Gras darüber gewachsen". Viele Zeugnisse der industriellen Vergangenheit sind aber gottlob noch erhalten, sind zu Industriedenkmalen geworden, die in einer umstrukturierten Region einen neuen Wert erhalten haben. Sie sollten nicht als Denkmale isoliert betrachtet werden, sondern als prägende Relikte unserer Vergangenheit in die neuzeitlichen Funktionen einbezogen werden. Zumindest aber sollte man auf sie mehr als bisher bei der Planung und Gestaltung der Region Rücksicht nehmen. Der Architekturprofessor Johannes Biecker hat sich 1983 mit dieser Problematik auseinandergesetzt, und seine Überlegungen sollen auch hier den Bogen von der Vergangenheit zur Gegenwart schlagen:

„Das charakteristische Bild des Ruhrgebietes ist eigentlich die durchgehende Silhouette der Stadt- und Industrielandschaft die ineinander überfließt. Diese Silhouette erfährt eine kleinteilige Bewegung. Die Orientierungspunkte sind nicht überdimensional. Es gibt da viele Türme, die wechselweise auftreten, Kirchtürme, Uhrtürme und Schultürme, Zechen-, Wasser- und Kühltürme, Schornsteine, Türme von Verwaltungsgebäuden und neuerdings die Türme von Universitäten. Leider sind viele dieser Orientierungspunkte in jüngster Vergangenheit verschwunden. Stattdessen sind neue Kolosse entstanden, Hochhausscheiben in Stahl und Glas. Leider erschlagen diese gewaltigen Dimensionen häufig den harmonischen Maßstab und bleiben Fremdkörper... Die Gestaltelemente im Fabrikbau sind zum charakteristischen Bild der Region geworden. Sie sind unsere Geschichte, unsere ‚Dome und Schlösser'. Bergbau und Industrie haben unsere Wirtschaft geprägt, uns Menschen, unsere Kultur und unser Landschaftsbild. Wir können stolz darauf sein."

Im Tal der Ruhr

Hattingen, Witten, Wetter, Herdecke, Hagen

Abb. 1. Aufnahme von 1926.
Die Bildfolge beginnt mit einer Senkrechtaufnahme der Stadt Hattingen im Maßstab 1:5000. Senkrechtaufnahmen sind für den ungeübten Betrachter auf den ersten Blick verwirrend. Bei näherem Hinsehen erkennt man jedoch recht deutlich die fast kreisrunde mittelalterliche Siedlungsstruktur. Hattingen geht auf den für das Jahr 990 erstmals erwähnten Reichshof „Hatneghen“ zurück. Gegen Ende des 14. Jahrhunderts erhielt Hattingen eine Befestigung, wurde zum „oppidum“, zur Stadt. Vor allem im 16. Jahrhundert, als Hattingen Hansestadt wurde, blühte das Wirtschaftsleben (Tuchmacher, Eisenerz, Kohle), doch nach Ende des Dreißigjährigen Krieges folgte der wirtschaftliche Niedergang, von dem sich die Stadt nie wieder erholte. Selbst an dem industriellen Aufschwung des 19. und 20. Jahrhunderts nahm Hattingen trotz der Ansiedlung des Stahlwerkes Henrichshütte im Vergleich zu anderen Ruhrgebietsstädten nur in geringem Maße teil.
Nach 1945 dehnte sich der Wiederaufbau der schwer zerstörten Stadt nach Süden und nach Norden über die Ruhr aus, so daß die auf dem Bild noch sichtbare mittelalterliche Struktur verloren ging. Gleichwohl sind in der verwinkelten Hattinger Altstadt noch viele hübsche Baurelikte aus früheren Jahrhunderten erhalten.

Abb. 2. Aufnahme von 1925.
Der Blick geht über das Ufer der Ruhr mit dem alten Treidelpfad in das Tal „Am Vesper“ bei Hattingen. In den zurückliegenden Jahrzehnten sind die Wunden, die die industrielle Nutzung dem Tal geschlagen hat, wieder verheilt. Die alte Ziegelei im Bildvordergrund ist längst abgebrochen. Heute präsentiert es sich als rekultiviertes, freundliches Erholungsgebiet. Rechts auf dem Steilhang des Isenbergs stehen nach wie vor die Reste der Isenburg. Sie soll um das Jahr 1200 erbaut worden und einst die größte und wehrhafteste weit und breit gewesen sein. Gleichwohl bestand sie nur ein Vierteljahrhundert. Nachdem ihr Burgherr, Graf Friedrich von Isenberg, 1225 den Kölner Erzbischof Engelbert ermordet hatte und für diese Tat ein Jahr später in Köln hingerichtet worden war, übten Kölner Vasallen Vergeltung, indem sie die Isenburg in Schutt und Asche legten. Noch heute zeugen die nie wieder aufgebauten Reste von der Größe der früheren Burganlage.

Abb. 3. Aufnahme von 1926.
Die Wirtschaftsstruktur Hattingens wurde mehr als 130 Jahre lang von dem 1854 gegründeten Eisen- und Stahlwerk „Henrichshütte“ geprägt, das 1987 stillgelegt wurde. Als die Henrichshütte um die Jahrhundertwende ihre Belegschaft schnell vergrößern mußte, erhielt der Architekt Georg Metzendorf (1874 – 1934) den Auftrag für den Bau einer Arbeiterkolonie. Er entwarf die hier gezeigte „Gartenstadt Hüttenau“, ganz in der Nähe der Henrichshütte. Metzendorf kam auch durch andere Projekte zu großem Ruhm, so etwa durch seinen Entwurf der „Margarethenhöhe“ in Essen (vgl. Abb. 39) und der Dortmunder Gartenstadt, einer Eigenheimsiedlung mit „grünem“, dörflichem Charakter.

Abb. 4. Aufnahme von 1926.
Die Ursprünge der Burg Blankenstein, östlich von Hattingen auf einem 80 Meter hohen Steilhang über der Ruhr gelegen, gehen auf das Jahr 1226 zurück.
Die Anlage wurde aus den Steinen der in jenem Jahr zerstörten Isenburg (vgl. Abb. 2) errichtet. Burg Blankenstein zählte noch 1425 zu den vier Hauptschlössern der Grafschaft Mark, verfiel jedoch im 15. und 16. Jahrhundert und wurde bald nach Ende des Dreißigjährigen Krieges um 1662 abgebrochen. Neben einigen Mauerresten blieb nur der viereckige Hauptturm erhalten, der bis in die Neuzeit hinein als Wohnturm genutzt wurde. Seit der Jahrhundertwende hat sich die Anlage zu einem beliebten Ausflugsziel entwickelt. Links unten im Bild, unterhalb der Restaurationsanlagen, befindet sich der Irrgarten, der heute noch vorhanden ist. Nach der jüngsten Renovierung (1971) ist der Turm wieder zu besteigen. Aus 30 Metern Höhe hat man einen herrlichen Rundblick über die reizvolle Landschaft des mittleren Ruhrtals.

Abb. 5. Aufnahme von 1926.
Im heutigen Hattinger Stadtteil Niederwenigern lagen die Betriebsstätten der Schnapsbrennerei Vogelsang, die später von der Wattenscheider Kornbrennerdynastie Schulte-Kemna übernommen wurde. Gerade im Hattinger Raum gab es noch zu Beginn des 20. Jahrhunderts zahlreiche kleinere und größere Brennereien und Bierbrauereien, die die vielen Gaststätten und Kneipen belieferten, die auf Schritt und Tritt an den Hauptstraßen anzutreffen waren. Ihre besonders große Zahl war vielleicht ein Erbe des alten Kohletreiberwesens. Die Kohletreiber, die die Kohlesäcke einst auf den Rücken von Pferden über Land transportierten, kamen bekanntermaßen nur langsam voran, weil sie unterwegs bei jeder Gelegenheit ihren immerwährenden Durst löschen mußten.

Abb. 6. Aufnahme von 1926.
Das Stadtzentrum von Witten. Bereits in vorkarolingischer Zeit befand sich hier an einem Ruhrübergang eine Siedlung. Obwohl in und um Witten seit dem Mittelalter mehrere Adelssitze gebaut wurden, erhielt die Ansiedlung erst 1825 die Stadtrechte. Im 18. und 19. Jahrhundert war Witten einer der bedeutendsten Kornmärkte Westfalens. Daß die Ruhr seit 1800 bis Witten schiffbar war, gab dem Kohlenhandel Auftrieb. Heute beruht die Wirtschaft Wittens unter anderem auf der Edelstahlerzeugung, der chemischen und der Glasindustrie. Im Zentrum des Bildes erkennt man das im Jahr der Aufnahme fertiggestellte neue Rathaus; das alte Rathaus steht an der Straßengabelung rechts unten im Bild. Links sieht man noch die 1892 eingeweihte evangelische Gedächtniskirche, die bereits 1923 wegen Bergschäden geschlossen und nach schweren Beschädigungen im Zweiten Weltkrieg 1967 endgültig abgerissen werden mußte. Der heutige Bau der evangelischen Johanniskirche (rechter Bildrand) stammt aus dem 18. Jahrhundert.

Abb. 7. Aufnahme von 1935.
Das Parkhaus Hohenstein liegt auf dem Bergrücken oberhalb der Ruhr südöstlich von Witten und wird noch heute als Hotel und Gaststätte genutzt. Nach wie vor ist der Hohenstein Teil eines riesigen Waldgebietes in den Ausläufern des Ardeygebirges mit schönen Rundwanderwegen, Spielplätzen, Liegewiesen und einem Wildgehege. So kann sich Witten immer noch zu Recht „Stadt im Grünen“ nennen.

Abb. 8. Aufnahme von 1935.
Die Badeanstalt in der Ruhr bei Herbede. Badespaß und Freizeitvergnügen an der Ruhr haben hier im mittleren Ruhrtal eine lange Tradition. 1870 wurde in Witten die erste Ruhrbadeanstalt eröffnet. Die Anlage auf unserem Bild könnte als Vorläufer des 1980 eröffneten Freizeitzentrums Kemnader See gedeutet werden. Herbede ist übrigens 1975 nach Witten eingemeindet worden. Damit wurde Witten zur größten Stadt des Ennepe-Ruhr-Kreises.

Abb. 9. Aufnahme von 1926.
Die Herbeder Steinkohlenbergwerke lagen in der Nähe des linken Ufers der Ruhr, südöstlich des inzwischen neu geschaffenen jüngsten Ruhrstausees, des Kemnader Sees. Im Volksmund wurde die Schachtanlage auch nach dem Namen ihrer alten Grubenfelder „Zeche Holland" genannt. Seit 1920 wurde hier Kohle gefördert. 1972 mußte das Bergwerk stillgelegt werden. Im Bildhintergrund die 1814 erbaute evangelische Pfarrkirche mit ihrem Turm aus romanischer Zeit.

Abb. 10. Aufnahme von 1937.
Blick auf Wetter am Harkortsee. Nur die 26 Meter hohe Ruine des Bergfrieds (Bildzentrum) ist von der Burg Wetter erhalten, die hier 1250 von den märkischen Landesherren errichtet wurde und als Bollwerk gegen die kurkölnische Burg Volmarstein am gegenüber liegenden Ruhrufer diente. 1819 richtete einer der bedeutendsten Industriepioniere des Ruhrgebietes, Friedrich Harkort, auf dem Gelände der ehemaligen Burg Wetter seine „Mechanischen Werkstätten“ ein, die Vorläufer des späteren Mannesmann-Demag-Konzerns. Auf dem Bild sind noch Reste der berühmten „Mechanischen Werkstätten“ zu erkennen. Zuvor, Ende des 19. Jahrhunderts, war Burg Wetter lange Zeit Domizil des Freiherrn vom und zum Stein gewesen, der hier als Leiter des preußischen Oberbergamtes wirkte, bevor er preußischer Wirtschafts- und Finanzminister wurde.

Abb. 11. Aufnahme von 1935.
Die am linken Ruhrufer, Wetter gegenüber liegende Burgruine Volmarstein war 1288 als Vorposten der Kölner Erzbischöfe erbaut worden, wurde aber bereits 1324 von den Grafen von der Mark erobert und zerstört. Die später wieder befestigte Burg verfiel während des 15. Jahrhunderts. Ihre Ruinen zeugen aber immer noch von ihrem Alter und ihrer ehemaligen Stärke. Eine Gründung des „Krüppelpfarrers“ Arndt aus dem Jahre 1904 sind die „Orthopädischen Anstalten“ (links im Bild), wo insbesondere Versehrte des Ersten Weltkriegs Behandlung und Rehabilitation fanden.

Abb. 12. Aufnahme von 1935.
Restaurant Harkortberg nördlich von Wetter mit dem Harkortturm. 210 Meter oberhalb des Ruhrtals errichtete man 1884 den Harkortturm in Erinnerung an das großartige Werk von Friedrich Harkort (1793 – 1880), dessen 1819 in der Burgruine Wetter eingerichteten „Mechanischen Werkstätten“ als Keimzelle des deutschen Maschinenbaus gelten. Bereits 1825 rief Harkort erstmals, wenn auch vergeblich, zum Eisenbahnbau auf. 1829 fuhr auf seinem Betriebsgelände die erste deutsche Werkseisenbahn. Sein starkes soziales Engagement ließen ihn für seine Arbeiter und Angestellten eine Krankenkasse und eine Invalidenkasse gründen. So gab er einen wichtigen Anstoß zum sozial verantwortlichen Denken in der aufstrebenden Unternehmerschaft des Ruhrgebietes.

Abb. 13. Aufnahme von 1928.
Blick auf das Zentrum von Herdecke. Das ehemalige Stiftsdorf aus karolingischer Zeit (um 810) erhielt bereits 1355 Marktrechte und 1739 die Stadtrechte. Da es seit 1491 hier eine Ruhrbrücke gab, wuchs die Bedeutung des Kornhandels so stark, daß die auf dem Herdecker Kornmarkt ausgehandelten Preise Richtpreise für das ganze märkische Westfalen wurden. An das ehemalige Stift erinnert noch die Marienkirche (Bildzentrum) von 1250, die im Laufe der Jahrhunderte mehrfach umgebaut wurde und einen neuen Turm erhielt. Sie wird heute als evangelische Pfarrkirche genutzt. Das daneben liegende Rathaus stammt aus dem Jahre 1718.

Abb. 14. Aufnahme von 1928.
Das Eisenbahnviadukt über die Ruhr am Westrand von Herdecke wurde in den Jahren von 1874 bis 1879 erbaut. Es ist 314 Meter lang und 33,5 Meter hoch. Im Zweiten Weltkrieg wurde die Brücke zweimal schwer beschädigt, einmal durch die Wassermassen, die sich nach der Bombardierung der Möhnestaumauer (1943) ins Ruhrtal ergossen, und einmal durch Sprengungen deutscher Soldaten (1945). Sieben Jahre später war das Bauwerk wieder für Züge befahrbar und dient noch heute seiner ursprünglichen Bestimmung.

Abb. 15. Aufnahme von 1926.
Blick nach Nordosten über das Zentrum von Hagen. Im Vordergrund der Stadtgarten.
Hagen, heute als „Eingangspforte des Sauerlandes“ apostrophiert, erhielt 1746 Stadtrechte, zu einer Zeit, als die Klingenindustrie, die Papier- und Tuchfabrikation bereits eine solide Basis für das Wirtschaftsleben der Stadt geschaffen hatten. Hagener Klingenschmiede „exportierten“ im 17. Jahrhundert ihre Fachkenntnisse bis an den russischen Zarenhof. Heute bestimmt wieder die Metallindustrie das wirtschaftliche Gesicht der Stadt. Doch die traditionsreiche Vergangenheit ist nicht vergessen: das Westfälische Freilichtmuseum Technischer Kulturdenkmale in Hagen-Selbecke zeigt in über 40 originalen historischen Werkstätten die technische und handwerkliche Entwicklung aus vergangenen Jahrhunderten.

Abb. 16. Aufnahme von 1924.
Die Lage des 1910 eingeweihten neuen Hagener Hauptbahnhofs in der Nachbarschaft von dichter Wohnbebauung und Industriebetrieben läßt kaum ahnen, daß hier wenige Jahrzehnte zuvor noch fruchtbares Ackerland bestellt wurde. Insbesondere wegen der Ausgestaltung des Empfangsgebäudes (im Bild mit Turm links der Gleise) hielten die Zeitgenossen ihn für „einen der schönsten aller neuen Bahnhöfe". Für die Stirnseite der Haupthalle hatte der berühmte Kunstmäzen Karl Ernst Osthaus ein Glasfenster gestiftet, das der Hagener Künstler Jan Thorn Prikker entworfen hatte.

Am Hellweg

Duisburg, Mülheim, Essen, Bochum, Dortmund, Unna

Abb. 17. Aufnahme von 1924.
Blick auf den historischen Kernbereich von Duisburg. Im 8. Jahrhundert war in der Nähe der Mündung der Ruhr in den Rhein ein fränkischer Königshof entstanden, der im 10. Jahrhundert zu einer Pfalz ausgebaut wurde. Reste der Pfalzanlage sind unter der Kirche St. Salvator (Bildmitte) gefunden worden, deren Gründung mit dem fränkischen Königshof in Verbindung gebracht wird. Die Minoritenkirche (links im Bild) stammt aus dem 13. Jahrhundert. Das Rathaus (Mitte rechts im Bild) wurde 1902 eingeweiht und drückt in seiner Architektur selbstbewußten Bürgerstolz aus, der sich sowohl auf die große Vergangenheit der ehemaligen Reichs- und Hansestadt bezieht, die durch Fernhandel zu Wohlstand gekommen war, als auch auf den industriellen Aufschwung im Zuge der Industrialisierung des 19. Jahrhunderts. Die zum Innenhafen gehörenden alten Speicherhäuser (Bildvordergrund) sollen zukünftig zu Wohnungen, Arbeits- und Kultureinrichtungen umgestaltet werden.

Abb. 18. Aufnahme von 1926.
Den repräsentativen Mittelpunkt Duisburgs bildet nach wie vor das bauliche Ensemble am König-Heinrich-Platz mit dem wilhelminischen Land- und Amtsgericht (links im Bild) und dem neoklassizistischen Stadttheater (oben rechts im Bild), das 1912 eröffnet wurde und seit Mitte der 50er Jahre auch „Spielplatz" der von Düsseldorf und Duisburg gemeinsam getragenen „Deutschen Oper am Rhein" ist. Die ehemalige Tonhalle (unten rechts im Bild) war 1887 als Konzerthalle eröffnet worden, nachdem Duisburger Bürger 400.000 Mark durch private Spenden aufgebracht hatten. Nach schweren Zerstörungen im Zweiten Weltkrieg wurde die Tonhalle 1962 durch die Mercatorhalle ersetzt, die inzwischen als Konzert- und Tagungszentrum überregional einen guten Ruf genießt.

Abb. 19. Aufnahme von 1928. Faszinierende Strukturen aus der Vogelperspektive bilden die Gleise des Rangierbahnhofs Duisburg-Wedau. Westlich der imponierenden Anlage (also links im Bild) gibt es eine Reihe von Baggerseen. Das Gelände wurde 1962 von der Stadt Duisburg aufgekauft und in den folgenden Jahren zur „Sechs-Seen-Platte“ ausgebaut, die heute zusammen mit dem nördlich gelegenen Sportpark Wedau und den umliegenden Waldgebieten ein riesiges Sport- und Freizeitgelände bildet.

Abb. 20. Aufnahme von 1924.
Der Stadtpark des Duisburger Vororts Meiderich (seit 1875 selbständige Gemeinde, seit 1894 Stadt, 1905 nach Duisburg eingemeindet) lag noch in den zwanziger Jahren ein wenig anachronistisch in der Nachbarschaft landwirtschaftlich genutzter Flächen. Heute ist der Stadtpark eingezwängt von enger Wohnbebauung, Autobahn und Eisenbahnstrecken.

Abb. 21. Aufnahme von 1926.
Vom Rhein zweigt links im Bild der sogenannte Eisenbahnhafen von Duisburg-Ruhrort ab. Unmittelbar neben der Brücke über den Eisenbahnhafen steht ein Hebeturm der „Duisburg-Homberger-Rhein-Trajektanstalt". Dieser Turm war einer der merkwürdigsten Relikte des frühen Eisenbahnverkehrs über den Rhein, der im Prinzip so vonstatten ging: Eisenbahnzüge wurden an die Hebetürme herangefahren. Mit Hilfe einer hydraulischen Maschinerie wurden nun die einzelnen Waggons auf Fährschiffe, die von der Wasserseite angelegt hatten, herabgelassen. Nachdem der Eisenbahnzug per Schiff den Rhein überquert hatte, wurden die Waggons wiederum einzeln durch einen zweiten Hebeturm auf Gleishöhe gehoben und aneinander gekoppelt. Die auf diese Art hergestellte Eisenbahnfährverbindung über den Rhein zwischen Ruhrort und Homberg war von 1856 bis 1884 in Betrieb und wurde dann durch den Bau von festen Rheinbrücken entbehrlich. Der Ruhrorter Hebeturm wurde 1970/71 abgerissen. Das Homberger Gegenstück ist noch erhalten geblieben.

Abb. 22. Aufnahme von 1924.
Blick von Duisburg-Kaßlerfeld auf die Hafenanlagen in Duisburg-Ruhrort.
Im Vordergrund rechts die eingedeichte Ruhr kurz vor der Mündung in den Rhein, nachdem sie von ihrer Quelle im Sauerland rund 235 Kilometer zurückgelegt hat.
Die Duisburger Häfen bilden nach wie vor das größte Binnenhafensystem der Welt. Es besteht heute aus den 1716 gegründeten Ruhrorter Häfen, 14 privaten Werkshäfen und dem im November 1990 eingeweihten Freihafen. Die Lage am Rhein hat von jeher das Wirtschaftsleben Duisburgs bestimmt, kein Wunder also, daß sich angesichts der vorhandenen günstigen Verlade- und Transportmöglichkeiten während des 19. und 20. Jahrhunderts hier Großbetriebe wie Thyssen, Klöckner, Haniel, Mannesmann-Demag oder Krupp ansiedelten beziehungsweise Zweigwerke errichteten, was wiederum zur Expansion der Duisburger Häfen führte.

Abb. 23. Aufnahme von 1924.
Zum einem bedeutenden Baustein in der wirtschaftlichen Entwicklung Duisburgs wurde der in den Jahren 1910 bis 1914 erbaute, 45,6 Kilometer lange Rhein-Herne-Kanal, der eine wichtige Transportverbindung zwischen den Duisburger Häfen quer durch das Ruhrgebiet schuf und über den Dortmund-Ems-Kanal bis zu den deutschen Nordseehäfen und über den Mittellandkanal bis zur Ostsee führt. Das Bild zeigt die Schleuse Nr. 1 des Rhein-Herne-Kanals kurz vor dem Ruhrorter Hafen.
Die Gleise der Hafeneisenbahn führen noch heute über die Schleusenanlage.

Abb. 24. Aufnahme von 1937.
Die August-Thyssen-Hütte, westlich von Duisburg-Hamborn mit eigenem Hafen am Rhein gelegen, war und ist nur eines von mehreren Thyssen-Werken, die im Duisburger Stadtgebiet angesiedelt sind. Noch heute ist die Thyssen Stahl AG das größte Unternehmen der Stadt.
August Thyssen wurde 1842 in der Nähe von Aachen geboren. Nach einem Maschinenbaustudium gründete er bereits im Alter von 25 Jahren ein Bandeisenwerk in Duisburg, das er wenige Jahre später wieder verließ. Gemeinsam mit seinem Vater errichtete er 1871 ein neues Walzwerk in Mülheim/Ruhr und gründete die Firma Thyssen und Co. 1895, sechs Jahre nach seiner Berufung in den Vorstand der Duisburg-Hamborner Zechengewerkschaft Deutscher Kaiser, legte er den Grundstein zu seinem ersten Hüttenwerk in Duisburg, das er schnell zu einem riesigen Hüttenkonzern, dem u. a. Zechen, Kokereien, Gasfabriken sowie Eisen- und Stahlwerke angeschlossen waren, ausbaute.
August Thyssen starb 1926 als einer der reichsten Männer Deutschlands.

Abb. 25. Aufnahme von 1924.
Die Eisenbahnbrücke über den Rhein zwischen Duisburg-Wanheimerort und Rheinhausen während der Bauphase. Die auch für Fußgänger passierbare Brücke stellte nach dem Zweiten Weltkrieg hier die alleinige Verbindung zwischen der Duisburger Innenstadt und Rheinhausen her, bis die im März 1945 gesprengte Admiral-Graf-Spee-Brücke 1950 durch eine neue Brücke ersetzt werden konnte. Im Hintergrund des Bildes die Werksanlagen der Thyssen-Niederrhein AG.

Abb. 26. Aufnahme von 1926.
Am dörflichen Charakter des linksrheinischen Duisburger Vororts Baerl hat sich bis heute wenig geändert. Typisch für die niederrheinische Landschaft sind die Kopfweiden in den von Schutzhecken umgebenen Feuchtwiesen. Durch die Ausgestaltung des Baerler Busches und des angrenzenden Loheidesees ist die Gegend zu einem attraktiven Naherholungsgebiet für die Duisburger geworden. Die evangelische Kirche St. Lucia (rechts im Bild) stammt aus dem 16. Jahrhundert.

Abb. 27. Aufnahme von 1928.
Das sogenannte „Schloßbrückenviertel" von Mülheim an der Ruhr.
Mülheim ist die einzige Stadt des Ruhrgebietes, deren Zentrum an dem Fluß liegt, der der Gesamtregion ihren Namen gab. Gegen Ende des 9. Jahrhunderts entstand hier zum Schutze des Ruhrübergangs eine erste Befestigung des bis heute erhalten gebliebenen Schlosses Broich, das im Hochmittelalter die mächtigste Burganlage Westdeutschlands war. In der Frühzeit der Industrialisierung erhielt Mülheim einige Bedeutung als Handelsort, insbesondere als Umschlagsort der Ruhrkohle, aber auch als Sitz von Gerbereien und lederverarbeitender Industrie. Wie andernorts im Ruhrgebiet dominierten hier später Kohle und Stahl (Stinnes, Thyssen, AEG, Siemens u. a.). Heute sind Zechen und Hochöfen wieder aus dem Stadtgebiet verschwunden.
Das 1915 fertiggestellte Rathaus (rechts im Bild) mit seinem „Campanile" und den Arkadenbögen ist prägend für die Innenstadt geworden. Arkadenbögen finden sich auch am 1926 eröffneten Mülheimer Kulturzentrum, der Stadthalle (links oben im Bild), was Mülheimer immer wieder zu euphorischen Vergleichen mit antiken Uferpalästen verleitet hat.

Abb. 28. Aufnahme von 1924.
Blick über die nördliche Innenstadt von Mülheim/Ruhr. Am oberen Bildrand erhebt sich die ehemalige Synagoge. Insbesondere dieser Bereich der Innenstadt wurde im Zweiten Weltkrieg stark zerstört. Heute präsentiert sich Mülheim wieder als freundliche, moderne Stadt.

Abb. 29. Aufnahme von 1928.
Der Mülheimer „Kirchhügel“ wird beherrscht von der – heute evangelischen – Petrikirche (links im Bild), der katholischen Kirche St. Mariä Geburt und einigen alten Fachwerkhäusern, zu denen das sog. „Tersteegenhaus“ gehört, in dem heute das Mülheimer Heimatmuseum untergebracht ist.
Der Kirchhügel ist die Keimzelle Mülheims. Bereits für das Jahr 1093 ist hier eine Kirche nachgewiesen. Die Petrikirche dürfte letztlich ein Nachfolgebau aus dem 12. Jahrhundert sein; allerdings sind nur noch Reste des frühesten Glockenturms aus dem 13. Jahrhundert erhalten.
Die Kirche St. Mariä Geburt wurde erst ein Jahr nach der Aufnahme (1929) fertiggestellt. Sie gilt als einer der bedeutendsten Sakralbauten der frühen Moderne im Rheinland.

Abb. 30. Aufnahme von 1928.
Der Mülheimer Wasserbahnhof mit dem Wasserkraftwerk (links) und der aus dem 19. Jahrhundert stammenden Ruhrschleuse (rechts) ist zentraler Anlegeplatz der „Weißen Flotte", mit der seit 1927 ein planmäßiger „Personenschiffahrtsverkehr" auf der Ruhr durchgeführt wird. Seinerzeit gab es mehrtägige (!) Ausflugsfahrten, die bis zum Rhein führten. Bis heute hat die Weiße Flotte nichts von ihrer Attraktivität verloren; Jahr für Jahr zwischen April und Oktober werden regelmäßig die Anker gelichtet etwa zur Fahrt durch das wunderschöne Ruhrtal flußaufwärts vorbei an Burg Landsberg und Schloß Hugenpoet bis Kettwig mit Anschluß bis zum Essener Baldeneysee.

Abb. 31. Aufnahme von 1935.
Damals wie heute ist das große Waldgebiet in Mülheim-Uhlenhorst mit der Anbindung an die Wälder von Saarn, Duisburg und Düsseldorf ein riesiges Freizeit- und Erholungsgebiet. Zur Zeit der Aufnahme konnte man mit der Straßenbahn praktisch noch bis vor die Tische von „Caffee Uhlenhorst“ fahren.

Abb. 32. Aufnahme von 1935. Mülheim-Raffelberg ist bekannt durch seine Galopprennbahn, auf der jährlich bis zu 20 hochdotierte Rennen ausgetragen werden. Weniger bekannt ist allerdings, daß es ganz in der Nähe der Rennbahn seit 1909 ein Solbad gibt, dessen Kurhaus und Erholungsanlagen auf dem Bild zu sehen sind. Seit 1981 hat hier auch das von Roberto Ciulli gegründete und bereits mit internationalen Festivalpreisen bedachte „Theater an der Ruhr" sein Domizil gefunden.

Abb. 33. Aufnahme von 1927.
Die Innenstadt von Essen. Essen zählt neben Dortmund zu den ältesten und historisch bedeutsamsten Städten des Ruhrgebietes. Sie entstand aus einem um 850 gegründeten freiweltlichen Damenstift für die Töchter des sächsischen Hochadels. Der 1929 eingemeindete heutige Ortsteil Werden geht auf die Gründung eines Benediktinerklosters durch den friesischen Missionar Liudger zurück. Wie andernorts auch wuchs die Stadt während der Industrialisierung des 19. Jahrhundert plötzlich und ungeordnet. Kohle und Stahl prägten sie in jeder Hinsicht. Heute ist Essen ein Musterbeispiel für den geglückten Strukturwandel des Reviers. Es gibt keine Zeche mehr; die Stadt ist zum „Schreibtisch des Ruhrgebietes", zu einer Energieverwaltungsmetropole, zu einem Dienstleistungszentrum geworden. Im Vordergrund des Bildes der Kopstadtplatz. Am oberen Bildrand die 1913 fertiggestellte Synagoge von Edmund Körner, die 1938 zerstört, in jüngster Zeit aber grundlegend restauriert und zu einer Mahn- und Gedenkstätte für die Opfer des III. Reiches umgewandelt worden ist. Links von der Synagoge steht heute Essens Rathausneubau, der höchste in Deutschland.

Abb. 34. Aufnahme vom 17. 9. 1925. Das Bild ist ein seltenes historisches Dokument. Es zeigt aus der Vogelperspektive die Ankunft des neuen Reichspräsidenten von Hindenburg vor dem Essener Saalbau, dem damals größten Konzert- und Festsaal der Stadt. Hindenburg kam in Begleitung des Reichskanzlers, des ehemaligen Essener Oberbürgermeisters Dr. Luther. Anlaß für den Besuch der beiden hohen Herren war die Befreiungsfeier, die die Stadt Essen nach dem Ende von zweieinhalb Jahren französischer Besatzung im Ruhrgebiet ausgerichtet hatte.

Abb. 35. Aufnahme von 1938.
Noch immer wird der zentrale Verkehrsplatz am Essener Hauptbahnhof (links oben im Bild) „Freiheit“ genannt. Diese Bezeichnung geht auf den Abbruch eines bis 1937 hier stehenden Krankenhauses zurück, wodurch eine neue städtebauliche „Freiheit“ entstanden war. Daß die Freiheit im ursprünglichen Sinne des Wortes zum Zeitpunkt der Aufnahme allmählich verloren ging, darauf weisen die Hakenkreuzfahnen, Vorboten nationalsozialistischen Terrors, hin, die den Platz „schmücken“ (Mitte rechts im Bild). Heute ist die „Freiheit“ einer der verkehrsreichsten Plätze der Bundesrepublik. Oberirdisch begegnen sich Eisenbahn- und Straßenverkehr. Unterirdisch verläuft die Trasse des „Ruhrschnellweges“ und darunter noch die Essener U-Bahn.

Abb. 36. Aufnahme von 1929.
Blick von Süden über die dampfenden und brodelnden Fabrikhallen der Krupp'schen Werke in Essen.
1826 übernahm Alfred Krupp die von seinem Vater 1811 in Essen gegründete Gußstahlfabrik und erweiterte sie innerhalb weniger Jahrzehnte zu einem Stahlkonzern von Weltgeltung. Wichtigstes Produkt war lange Zeit der von Krupp entwickelte nahtlose Radkranz für Eisenbahnen. 1887 übernahm sein Sohn Friedrich Alfred Krupp die Leitung der Firma und machte sie zum führenden Unternehmen der deutschen Wirtschaft. Die Krupp'schen Werke in Essen wurden im Ersten und Zweiten Weltkrieg zur „Waffenschmiede des Deutschen Reiches". Nach 1945 waren 32% der Werksanlagen von Bomben zerstört, weitere 40% wurden demontiert. Dennoch hat die Firma Krupp überlebt, wurde 1967 in eine GmbH umgewandelt und gehört heute zu den größten Mischkonzernen Europas.
Im Zentrum der höchst seltenen (und retuschierten) Luftaufnahme erkennt man das Krupp'sche Verwaltungsgebäude, wegen seines 63 Meter hohen Eckturmes „Turmhaus" genannt. Unten links im Bild die Siedlung Schederhof, eine von zahlreichen Krupp'schen Werkssiedlungen im Essener Raum.

Abb. 37. Aufnahme von 1926.
In der Essener Innenstadt, unweit des heutigen Rathauses, lag früher die Zeche Graf Beust. Seit 1842 konnte hier über dem dritten Tiefbauschacht des Ruhrgebietes, der durch die Mergeldecke abgeteuft worden war, Kohle gefördert werden. Graf Beust war seinerzeit die größte Zeche des Ruhrgebietes. 1870 wurde hier erstmals ein besonders stahlsparendes Fördergerüst errichtet, das richtungweisend wurde für die Entwicklung des sogenannten deutschen Strebegerüstes. 1929 wurden die Tagesanlagen der Zeche Graf Beust stillgelegt. Der weitere Kohleabbau unter Tage erfolgte bis 1965 über die Förderanlagen der Zeche Victoria Mathias.

Abb. 38. Aufnahme von 1938.
1929 öffnete die Essener „Gruga", die Große Ruhrländische Gartenbauausstellung, ihre Pforten, nachdem 800 Arbeitslose zwei Jahre lang das sumpfige Gelände in der Nähe der Ausstellungshallen zum „Blumenwunder an der Ruhr" umgewandelt hatten. 1938, im Jahr der Aufnahme, fand hier die „Reichsgartenschau", die Reichsausstellung des Deutschen Gartenbaus, statt. Zu diesem Anlaß hatte man die Fläche der Gruga auf 47 Hektar vergrößert und neben dem alten Grugaturm als Hauptgaststätte den „Großen Blumenhof" mit 4000 Plätzen geschaffen (Bildvordergrund). Trotz schlechten Wetters kamen fast drei Millionen Besucher zur Reichsgartenschau. Noch heute ist die Gruga eines der großen Freizeit- und Erholungszentren im Ruhrgebiet.

Abb. 39. Aufnahme von 1938.
Die Essener Wohnsiedlung Margarethenhöhe (hier aufgenommen von Südwesten) entstand aus einer Stiftung von Margarethe Krupp, der Gattin Friedrich Alfred Krupps, aus dem Jahre 1906 und wurde zwischen 1919 und 1920 von dem Architekten Georg Metzendorf auf einem Hügel unweit der Essener Innenstadt erbaut. Mit ihren Brücken und Toren, engen Straßen und verträumten Hausformen wurde die Siedlung bewußt altdeutscher Idylle nachempfunden und gegenüber den zahlreichen Essener Wohnsiedlungen abgegrenzt, deren Häuser stereotyp an Straßen aufgereiht waren, um wertvolles Bauland rationell zu nutzen. So entstand eine „Dichtung in Stein und Grün", ein Beispiel für humane Architektur. Die Siedlung Margarethenhöhe ist bis heute fast unverändert erhalten geblieben und gilt immer noch als vorbildhafte Lösung gesellschaftspolitischer Aufgaben im sozialen Wohnungsbau.

Abb. 40. Aufnahme von 1935.
Der Flughafen Essen/Mülheim wurde Ende August 1925 an der Stadtgrenze zwischen den beiden Städten mit einem Volksfest eingeweiht. Gegenüber den tieferliegenden Flughäfen des Rheinlandes besaß er den Vorzug, häufiger nebelfrei zu sein. Er diente ausschließlich der Zivilluftfahrt. Ein Flug nach Berlin dauerte vier Stunden. Die Luftverkehrsgesellschaft Ruhrgebiet (Lurag) hatte hier ihren Zentralflughafen, den größten im Ruhrgebiet. 1935, im Jahr der Aufnahme, wurden rund 2000 Starts und Landungen notiert. Heute ist der Flughafen Essen/Mülheim in erster Linie der Sportfliegerei vorbehalten. Ausbaupläne zu einem großen Verkehrsflughafen scheiterten bislang am Widerstand der Bevölkerung.

Abb. 41. Aufnahme um 1926.
Die Zeche Christian Levin in Essen-Dellwig lag in unmittelbarer Nähe zum Rhein-Herne-Kanal an der Stadtgrenze zu Bottrop. Das Bergwerk hatte in seiner Frühzeit mit argen Schwierigkeiten zu kämpfen. Infolge von Wassereinbrüchen, Verwerfungen des Gebirges und finanziellen Engpässen konnte erst 1863, 19 Jahre nach Beginn der ersten Teufung, wirtschaftlich Kohle gewonnen werden. Dann aber entwickelte sich die Zeche zu einem erfolgreichen Unternehmen, nicht zuletzt deshalb, weil auch Bleierze abgebaut werden konnten. Die Bleierzförderung erreichte 1951 ihren höchsten Stand mit mehr als 39.000 Tonnen pro Jahr bei 213 Beschäftigten im Erz. 1960 wurde die Zeche stillgelegt.

Abb. 42. Aufnahme um 1933.
Die zentrale Förderschachtanlage Zollverein XII in Essen-Katernberg gehörte zu den größten und modernsten im Ruhrgebiet. Sie wurde in den Jahren 1927 bis 1932 von den Architekten Fritz Schupp und Martin Kremmer konzipiert und zeichnete sich durch klare Form und Funktionalität der kubischen Baukörper aus. Der zentrale Förderturm mit dem Doppelstrebgerüst, der zwölfte seit der Zechengründung 1848, wurde 1932 in Betrieb genommen. Seine Silhouette wurde bald zum Markenzeichen des Ruhrbergbaus schlechthin. Aber es war nicht nur das äußere funktionalistische Erscheinungsbild der Anlage, das die Fachwelt faszinierte; auch der bergmännische Betrieb unter Tage war von bemerkenswerter Modernität gekennzeichnet. Ende 1986 wurde Zollverein als letzte Essener Zeche stillgelegt. Die Gesamtanlage soll als Industriedenkmal erhalten bleiben.

Abb. 43. Aufnahme von 1926.
Die Zeche Bonifacius in Essen-Kray entstammt der Frühphase des industriell betriebenen Ruhrbergbaus. Sie entstand 1851 aus der Zusammenlegung mehrerer Grubenfelder. Doch erst 1857 wurde Schacht I abgeteuft. In den ersten Jahrzehnten ihres Bestehens wurde die Zeche immer wieder von Unglücken heimgesucht: 1866 soff Schacht I durch Wassereinbrüche ab; 1897 ging Schacht II unter Tage zu Bruch; 1899 brannte der Malakoffturm über Schacht I ab. 1906, die Zeche war inzwischen an die Gelsenkirchener Bergwerks AG verkauft worden, wurden sämtliche Übertageanlagen neu gebaut und auf elektrischen Betrieb umgestellt. 1908 kam eine Brikettfabrik und 1910 eine Kokerei mit Benzolfabrik hinzu. Bis zu ihrer Stilllegung 1967 gehörte die Zeche Bonifacius zu den lukrativsten im Essener Raum.
Das Fördergerüst über Schacht II sowie einige der Übertageanlagen, die im neugotischen Stil erbaut wurden und in ihrer Architektur an Schlösser oder Burgen erinnern, stehen heute unter Denkmalschutz.
Mit dem Bau der Zechensiedlung (Bildhintergrund) wurde gegen Ende des 19. Jahrhunderts begonnen, um, wie es damals hieß, „das körperliche und sittliche Gedeihen der Arbeiter möglichst zu fördern und dieselben durch Beschaffung eines behaglichen Daheims an Häuslichkeit zu gewöhnen“.

Abb. 44. Aufnahme von 1925.
Die Zeche Gottfried Wilhelm wurde 1907 mitten im Schellenberger Wald von Essen-Rellinghausen abgeteuft. Die Schachtanlage war gegen den energischen Protest des Waldeigentümers, des Barons von Vittinghoff-Schell errichtet worden. Immerhin hatten die Gegenvorstellungen des Barons doch einige frühe Umweltschutzmaßnahmen bewirkt, die in einem zeitgenössischen Bericht beschrieben werden: „Gleich beim ersten Überschauen des Geländes vermißt man die gewohnten fauchenden Dampfmaschinen und die rauchenden Kamine einer Kohlenzeche; nur das monotone Surren der elektrischen Maschinen dringt an unser Ohr. Gottfried Wilhelm ist die einzige Zeche in der Umgebung, bei der die Elektrizität als ausschließliche Betriebskraft zur Anwendung gelangt." Darüber hinaus wurde die im Wald geförderte Kohle über eine Drahtseilbahn zum einen Kilometer entfernten Rellinghausen transportiert, wo sich die Aufbereitungsanlagen und eine zur Zeche gehörige Ziegelei befanden. 1958 wurde die Übertageanlagen des „Elends im Walde", wie die Zeche Gottfried Wilhelm wegen stark gestörter Lagerstättenverhältnisse auch genannt wurde, stillgelegt. Heute hat die Natur die Wunden der Industrialisierung wieder geschlossen: wie eh und je wachsen Bäume anstelle der inzwischen abgebrochenen Zechenanlage.

Abb. 45. Aufnahme von 1926. →
Oberhalb der Ruhr im Essener Süden steht die „Villa Hügel". Hier eine Ansicht von Süden.
1870 hatte Friedrich Alfred Krupp den Grundstein zu diesem „standesgemäßen Wohnhaus" gelegt, das ein zynischer Krupp-Biograph einmal als „Monstrum" bezeichnet hat, „im Vergleich zu dem sich selbst ein wilhelminisches Oberlandesgerichtsgebäude an einem regnerischen Herbsttag noch freundlich ausnimmt". Heute allerdings gilt die Villa Hügel als hervorragendes Beispiel klassizistischer Bauweise des 19. Jahrhunderts. Hier, wo einst 70 Hausangestellte über 400 Räume bewirtschafteten, ist inzwischen ein führendes Kulturzentrum entstanden, wo repräsentative Kunstausstellungen, Konzerte, wissenschaftliche Kongresse u. ä. durchgeführt werden. Außerdem ist hier die Ausstellung „Historische Sammlung Krupp" zu besichtigen. Zur Villa Hügel gehörten früher ein eigenes Post- und Telegraphenamt sowie ein eigener Bahnhof. Nach wie vor findet man im Hügelpark einen hochinteressanten alten Baumbestand mit seltenen Exemplaren aus allen Teilen der Welt.

Abb. 46. Aufnahme von 1927.
Seit langem gibt es die Ausflugsgaststätte „Baldeneyer Fähre“ (Bildvordergrund), deren Name zum einen an Schloß Baldeney (Bildhintergrund links) und zum anderen an eine alte Fährverbindung über die Ruhr an dieser Stelle im Essener Süden erinnert.
Heute liegt die Gaststätte „Baldeneyer Fähre“ unmittelbar am Baldeneysee, mit dessen Anlage vier Jahre nach der Aufnahme dieses Bildes begonnen wurde. Zwischen 1931 und 1933 schufen jeweils 2000 arbeitslose junge Männer (insgesamt mögen es etwa 10.000 gewesen sein) tatsächlich in Handarbeit „mit Schüppe und Spitzhacke“ ein Staubekken für die Ruhr, konzipiert als Absinkbecken für Schwebstoffe des Ruhrwassers. Im Baldeneysee versanken damals zahlreiche alte Gehöfte (wie etwa die rechts im Bild). Wie andere Ruhrstauseen hat sich der acht Kilometer lange und 650 Meter breite Baldeneysee zu einem wichtigen Freizeit- und Erholungsgebiet für die nahen Ballungsräume entwickelt.

Abb. 47. Aufnahme um 1926.
Die ehemalige Benediktinerabtei in Essen-Werden wurde gegen Ende des 8. Jahrhunderts von dem friesischen Missionar Liudger als Stützpunkt für seine Missionsarbeit im westlichen Sachsenland gegründet. Die Abtei entwickelte sich bald zu einem bedeutenden Kulturzentrum. Insbesondere die Produkte der Werdener Schreibstube waren im Mittelalter berühmt und begehrt. In den alten Abteigebäuden befinden sich heute die Räume der renommierten Folkwang-Hochschule für Musik, Theater und Tanz.
Die ehemalige Abteikirche und jetzige katholische Propsteikirche ist in ihrer heutigen Gestalt der letzte große Kirchenbau romanischen Stils im Rheinland. Der große strenge Bau aus Bruchsteinmauerwerk stammt zu wesentlichen Teilen aus dem 13. Jahrhundert und steht auf den Mauern der frühesten, 804 St. Salvator geweihten, Kirche. In der 830 erbauten Krypta ruhen noch heute die Gebeine des Gründers Liudger.

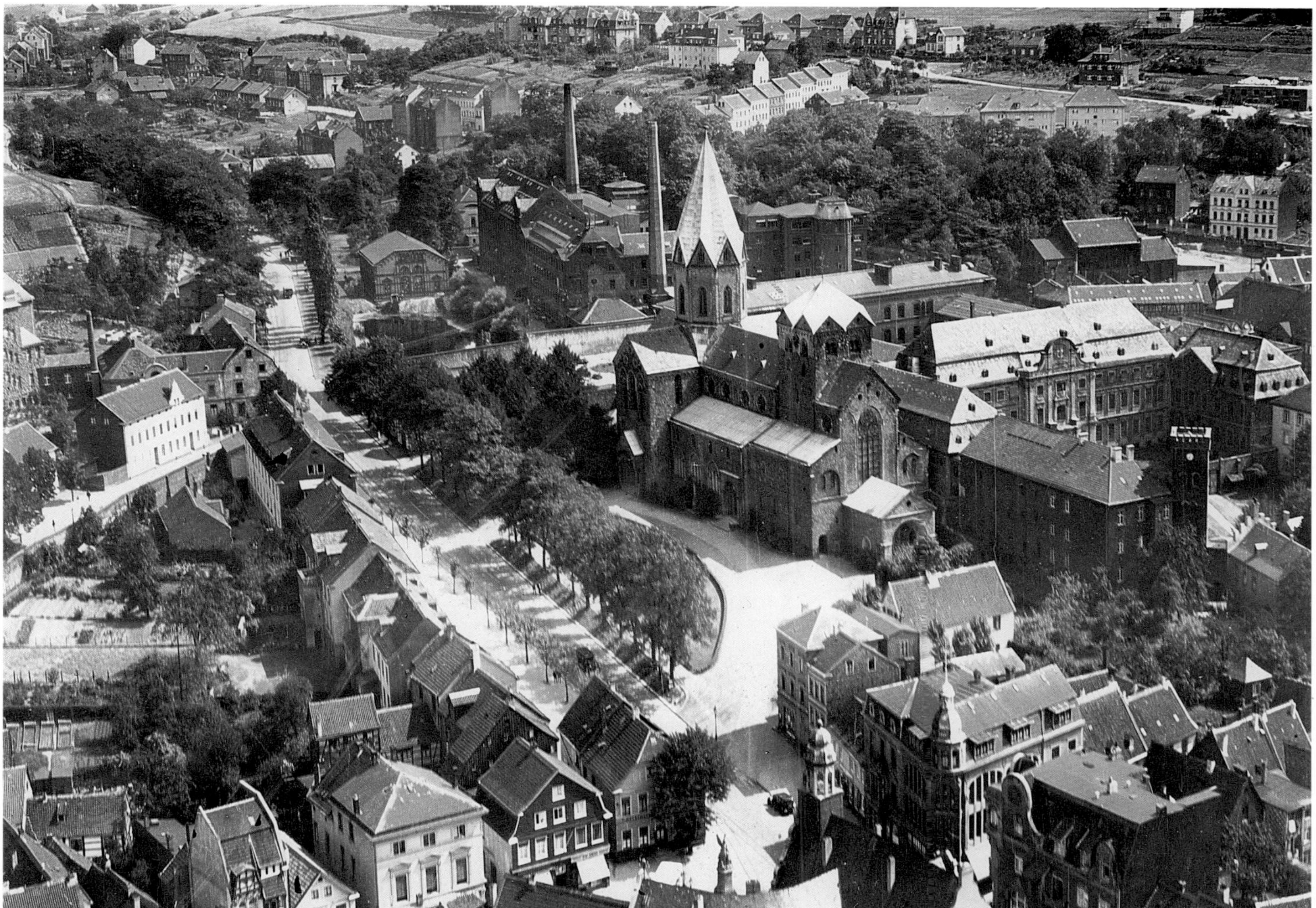

Abb. 48. Aufnahme von 1926.
Die Zeche Adler im Deilbachtal in Essen-Kupferdreh entstand aus der Zusammenlegung mehrerer sehr kleiner und alter Zechen. Ab 1906 wurde ein Tiefbauschacht abgeteuft und 1908 eine Brikettfabrik errichtet, die neben der Kohleförderung (1912 mit 900 Beschäftigten 329.000 Tonnen) die wirtschaftliche Grundlage des Unternehmens bildete. Doch schon das Jahr 1925 brachte ernsthafte Absatzschwierigkeiten, so daß der Betrieb für mehr als drei Monate eingestellt werden mußte.
Von diesem Rückschlag erholte sich die Zeche nicht mehr. Bereits 1930 wurde sie stillgelegt.

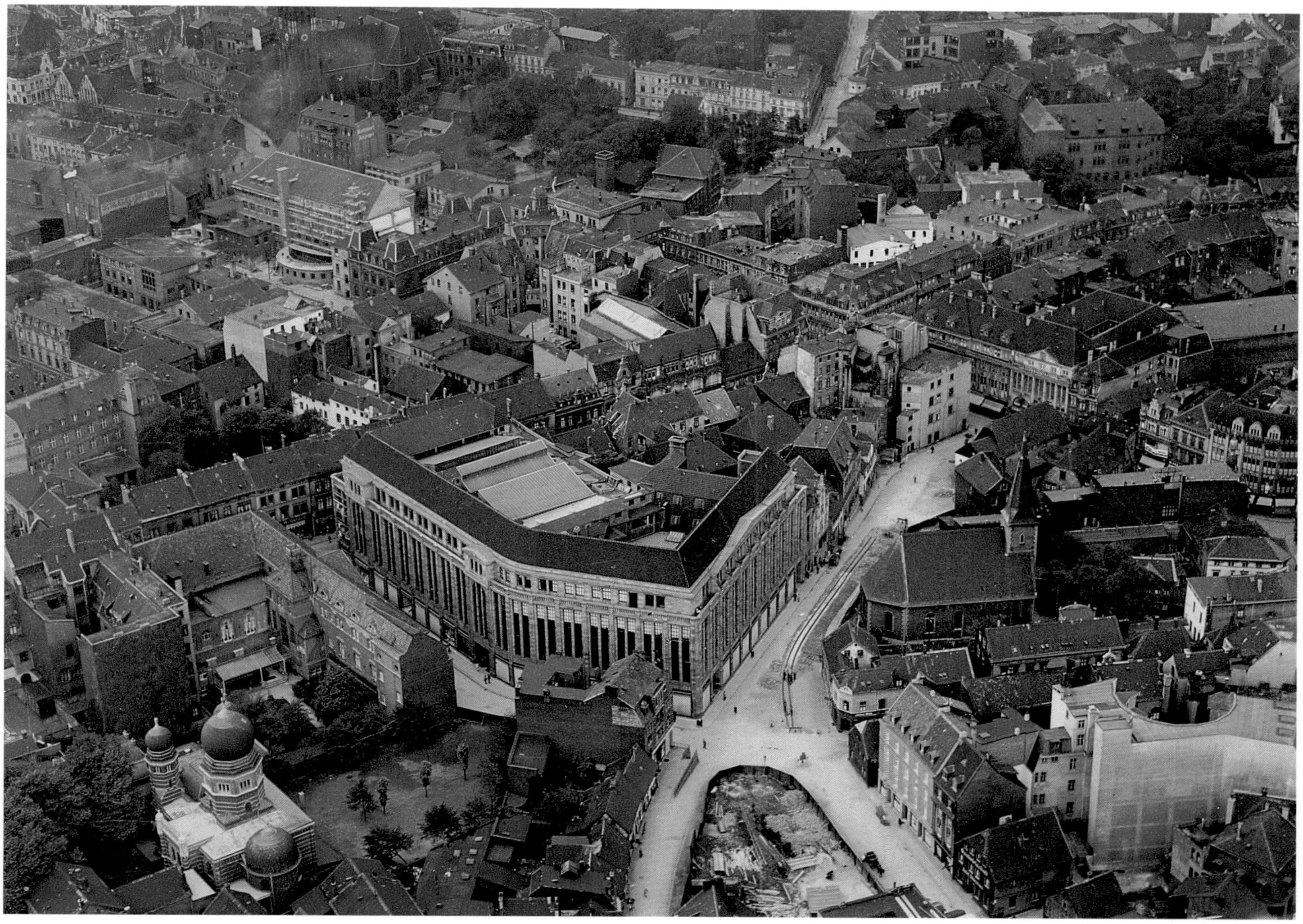

Abb. 49. Aufnahme von 1924.
Blick auf das Zentrum von Bochum. Wohl gegen Ende des 8. Jahrhunderts entstand am Hellweg ein karolingischer Reichshof, um den sich eine Bauerschaft und später ein Marktflecken entwikkelte, der 1321 die Stadtrechte erhielt. Bochum blieb über Jahrhunderte hinweg ein kleines Ackerbürgerstädtchen, bis es im 19. Jahrhundert im Zuge der Industrialisierung erwachte. Kohle und Stahl wurden auch hier dominant; innerhalb weniger Jahrzehnte stieg die Bevölkerungszahl drastisch. Zu Beginn dieses Jahrhunderts vergrößerte sich die Einwohnerzahl zudem durch Eingemeindungen mehrerer umliegender Ortschaften in kürzester Zeit von rund 64.000 (1900) auf rund 322.000 (1929). Dementsprechend ungeordnet erscheint auch die Bebauung der Innenstadt auf dem Luftbild. Das Gebäude des Warenhauses Alsberg (Bildzentrum) beherbergt heute das Kaufhaus Kortum. Links unten im Bild erkennt man die Kuppel der ehemaligen Synagoge. Die Straßenführung hat sich bis heute stark verändert, nicht zuletzt deshalb, weil Bochums Innenstadt durch Luftangriffe in den Jahren von 1943 bis 1945 völlig zerstört wurde. Heute hat die City ein neues Gesicht und präsentiert sich als „Schaufenster des Ruhrgebietes“.

Abb. 50. Aufnahme um 1935.
Das Bochumer Rathaus, einige Jahre nach seiner Fertigstellung (1931). Durch das rasche Wachstum Bochums zu einer Großstadt wurde der Bau eines neuen Rathauses erforderlich. Die ersten Entwürfe aus dem Jahre 1912 kamen infolge des Ersten Weltkrieges nicht zur Ausführung. 1925 ging man erneut an die Planung, und nach den Entwürfen des Mannheimer Architekten Karl Roth entstand in den Jahren von 1926 bis 1931 ein mächtiger Zweckbau, dessen strenge Architektur durch zahllose Frontfenster und eine doppelte Reihe von Mansardenfenstern aufgelokkert wurde. Der Hausflügel im Innenhof trägt ein Glockenspiel mit 28 Glocken aus Bochumer Gußstahl. Die evangelische Christuskirche (links im Bild) entstand – dem Zeitgeschmack entsprechend – als neugotisches Bauwerk um die Jahrhundertwende.

Abb. 51. Aufnahme um 1924.
Der alte Bochumer Hauptbahnhof lag etwa dort, wo sich heute der S-Bahnhof Bochum-Ehrenfeld befindet. Nach den schweren Zerstörungen der Bochumer Innenstadt im Zweiten Weltkrieg (nur vier Prozent der Wohnungen blieb unbeschädigt) ging man zunächst daran, eine Million Kubikmeter Schutt wegzuräumen. Schon 1948 wurde ein Neuordnungsplan für die Innenstandt beschlossen. So wurden beispielsweise die alten engen Straßen durch „Autobahnen" von 22 Metern Breite ersetzt. Es entstand ein neues „Cityquartier". Und im Zuge dieser grundlegenden Umstrukturierung wurde auch der Hauptbahnhof nach Nordosten verlegt. 1957 war das neue Bahnhofsgebäude vollendet.

Abb. 52. Aufnahme von 1926.
Im alten Bochumer Schauspielhaus an der Königsallee (Bildzentrum oben), in dessen unmittelbarer Nachbarschaft noch der Adelssitz „Haus Rechen“ liegt (Bildzentrum), war seit 1919 ein festes Ensemble tätig, das unter seinem ersten Intendanten Saladin Schmidt bald zu überregionalem Ruhm kam, insbesondere durch die Aufführung von Shakespeare-Dramen. Im Zweiten Weltkrieg wurde das Schauspielhaus (ebenso wie Haus Rechen) zerstört. An derselben Stelle entstand das neue Schauspielhaus, in dem sich unter der Intendanz von Hans Schalla traditionsgemäß mit Shakespeares „Richard III.“ am 23. September 1953 der erste Premierenvorhang hob. Mit Intendanten wie Peter Zadek und Klaus Peymann entwickelte sich das Bochumer Schauspielhaus – nun auch mit avantgardistischen Inszenierungen – zu einer der bedeutendsten deutschsprachigen Bühnen. Anstelle der ehemaligen Hotelanlage (Bildvordergrund) befindet sich heute das Finanzamt.

Abb. 53. Aufnahme um 1924.
Der „Bochumer Verein für Gußstahlfabrikation“ war neben der Kohleförderung lange Zeit Grundlage des Bochumer Wirtschaftslebens. Gründer des riesigen Eisen- und Stahlwerkes war Jacob Mayer, der Mitte des 19. Jahrhunderts den Stahlformguß entdeckte und schnell verbesserte. Ein umwälzendes Ergebnis seiner Arbeit, die erste Gußstahlglocke, wurde auf der Pariser Weltausstellung 1855 bestaunt und prämiiert. Neben Lokomotiven, Turbinen usw. wurden Glocken zum Markenzeichen des Bochumer Vereins. Rund 30.000 verließen bis vor einigen Jahren das Werk.

Was einst die Krupp'schen Werke für Essen waren, das war Mayers Fabrik für Bochum. Lange hatten die beiden Industriekapitäne um die Vormacht auf dem Stahlmarkt gerungen. Letztlich blieb Krupp Sieger: der Bochumer Verein gehört heute zum Krupp-Konzern.
Mittlerweile hat sich das Aussehen der Werksanlagen des Bochumer Vereins stark verändert. Das alte Verwaltungsgebäude an der Alleestraße (untere Bildhälfte Mitte) und einzelne Häuser der Arbeitersiedlung Stahlhausen (unten links im Bild) sind noch erhalten.

Abb. 54. Aufnahme von 1924.
Noch einmal ein Blick über die Bochumer Innenstadt, etwa von der Kortumstraße südwestlich bis zum Bochumer Verein. Am unteren Bildrand sind das ehemalige Warenhaus Alsberg und die Synagoge zu erkennen. Die Aufnahme zeigt eindrucksvoll, wie sehr die Symbiose von Arbeit und Wohnen das Leben in früherer Zeit bestimmte. Deutlich wird auch, in welch hohem Maße Industrieemissionen auftraten, ein Zustand, der durch Umweltmaßnahmen der vergangenen Jahrzehnte drastisch verbessert werden konnte.

Abb. 55. Aufnahme von 1924.
Die Zeche Fröhliche Morgensonne in Wattenscheid. Zwar gab es in Wattenscheid eine ganze Reihe von kleineren und größeren Zechen, doch die Zeche Fröhliche Morgensonne, die aus der Vereinigung der Zechen Centrum und Fröhliche Morgensonne entstanden war, war die bedeutendste und hat die Entwicklung Wattenscheids vom kleinen Ackerstädtchen zur Industriestadt mit rund 80.000 Einwohnern maßgeblich beeinflußt. Am 1. 1. 1975 wurde Wattenscheid gegen erheblichen Widerstand in der Bevölkerung nach Bochum eingemeindet.
Auf der Zeche Fröhliche Morgensonne wurde genau 100 Jahre lang (von 1863 bis 1963) Kohle gefördert. Dann wurden die Tagesanlagen zum Teil abgerissen. An ihrer Stelle entstand ein modernes Industriegebiet.
Weitgehend unbekannt ist, daß es auf der Zeche Centrum Solequellen gab, die so ergiebig sprudelten, daß sie – wie es damals in einer Werbeschrift hieß – „pro Stunde 30.000 Liter Sole liefern, die . . . über vier Prozent Chlornatrium (Kochsalz) enthält und zu Badezwecken bestens geeignet ist“. In dem um 1893 gegründeten „Sol- und Thermalbadzentrum“ wurden insbesondere Rheumaerkrankungen behandelt. Nachdem die Quellen nicht mehr so reichlich sprudelten, wurde die Badeanlage 1907 geschlossen.

Abb. 56. Aufnahme von 1926.
Die Zeche Lothringen in Bochum-Gerthe nahm ihre Förderung im Jahre 1880 auf, wurde 1961 mit der Castrop-Rauxeler Zeche Graf Schwerin verbunden und 1967 stillgelegt. Bis heute ist die Erinnerung an das schwere Schlagwetterunglück nicht verlorengegangen, das sich hier am 8. 8. 1912 ereignete und 114 Todesopfer unter Tage forderte. Zur selben Zeit fand die Einhundert-Jahr-Feier der Krupp'schen Werke in Essen statt. Zu diesem Anlaß sollte auf dem Gelände der Villa Hügel ein mittelalterliches Ritterspiel in Anwesenheit Kaiser Wilhelms II. aufgeführt werden. Als die Nachricht von der Schlagwetterexplosion auf der Zeche Lothringen Essen erreichte, wurden die Feierlichkeiten abgesagt. Der Kaiser besuchte unverzüglich die Unglückszeche, und die für das Krupp-Jubiläum massenhaft bereitgestellten Blumengebinde zierten bald darauf die Särge der toten Bergleute.

Abb. 57. Aufnahme von 1925.
Im heutigen Bochumer Stadtteil Hordel entstand 1907 bis 1915, mit dem alten Adelssitz „Haus Dahlhausen“ (Bildmitte) als Zentrum, in der Nähe der Zeche Hannover die Arbeitersiedlung Dahlhauser Heide. Die Pläne waren von dem Essener Architekten Robert Schmohl entworfen worden, der auf der von dem Engländer Ebenezer Howard entwickelten Gartenstadtidee aufbaute. Sieben Mehrfamilienhäuser und 339 Zweifamilienhäuser wurden abwechslungsreich zwischen Grünzonen, Plätzen und Kleingärten angelegt. Die „Kappeskolonie“, wie sie bald im Volksmund hieß, hatte gewundene Straßenführungen, die sich dem natürlichen Geländeverlauf anpaßten; die Fachwerkarchitektur der Häuser unterstrich den angestrebten dörflichen Charakter, die gewollte Idylle, die einen Ausgleich zur harten Arbeitswelt bilden sollte.

Abb. 58. Aufnahme von 1926.
Es waren nicht nur die Zechenanlagen, die tiefe Wunden in die Berghänge an den Ufern der Ruhr schlugen.
Das beweist diese Aufnahme von der Firma Dr. C. Otto & Co Koksofenbau in Bochum-Dahlhausen, die bereits im 19. Jahrhundert an dieser Stelle entstanden war. Zeitweise arbeitete hier Heinrich Koppers, der durch die Erfindung des Regenerativ-Verbund-Ofens die Kokereitechnik revolutionierte und seiner eigenen in Essen gegründeten Firma Weltgeltung verschaffte.
Das gesamte Eisenbahngelände im Bildzentrum einschließlich der Lokomotivdrehscheibe und des Lokschuppens (links im Bild) gehören heute zum Bochumer Eisenbahnmuseum, dessen historische Lokomotiven sich immer noch bewegen und Besucherzüge über die alten Gleise ziehen.

Abb. 59. Aufnahme von 1924.
Einmal mehr das Bild einer inmitten agrarischer Landschaft als Fremdkörper wirkenden Zeche, hier die Zeche Dannenbaum in Bochum-Laer, die bis 1865 auch „Tannenbaum" genannt wurde. Vermutlich wurde hier seit dem 14. Jahrhundert Bergbau betrieben, zunächst im Pingenbau, seit dem frühen 18. Jahrhundert als Stollenbau. 1859 ging man dann zum Tiefbau über. Nach knapp 100 Jahren Kohleförderung wurde die Zeche Dannenbaum 1958 mit der benachbarten Zeche Prinz Regent vereinigt, die die weitere Förderung übernahm. Zwei Jahre später, 1960, mußte die Gesamtanlage stillgelegt werden. Heute steht auf dem ehemaligen Zechengelände das Opel-Werk 1, eines der drei Bochumer Zweigwerke des bekannten Fahrzeugherstellers. Durch die Ansiedlung der Opel-Werke in Bochum konnten viele – wenn auch nicht alle – der durch die Zechenstilllegungen der sechziger Jahre betroffenen Bergleute einen neuen Arbeitsplatz finden.

Abb. 60. Aufnahme von 1926.
Der Bochumer Stadtgarten, dessen Flora um das Restaurant „Parkhaus" gruppiert ist, ist der älteste von einer Kommune getragene Park im Ruhrgebiet. Er konnte bereits 1878 eingeweiht werden, allerdings erst, nachdem ein jahrelanger Rechtsstreit um das Gelände geführt worden war, das ursprünglich im Gemeinschaftseigentum Bochumer Bürger stand und als Viehweide genutzt worden war. Nachdem die Bochumer Stadtväter ihr Projekt durchgesetzt hatten, war auf gut 13 Hektar nach den Entwürfen des Kölner Stadtgärtners Anton Strauss ein Freizeitareal entstanden, dessen Restaurant und Terrassen sich so in den Hang einfügten, daß die Aussicht auf die Stadt genossen werden konnte. Im Park verstreut standen Denkmäler, eine Wetterwarte und bergbaulich interessante Meßgeräte. 1910 kam als Denkmal und Aussichtsturm zugleich der Bismarckturm (Bildmitte oben) hinzu. Sollte in Zukunft der nicht mehr ganz junge Plan realisiert werden können, die alten Stadtparks des Ruhrgebietes unter Denkmalschutz zu stellen, dann wird der Bochumer Stadtpark sicher zu solcher Art geschützen historischen Anlagen gehören.

Abb. 61. Aufnahme von 1928.
Der Hansaplatz in Dortmund. Dortmund entstand vermutlich schon zu germanischer Zeit an einer Hellwegkreuzung. Wie an anderen Orten am Hellweg wurde auch hier um 880 ein karolingischer Reichshof gebaut. Vermutlich schon im 12. Jahrhundert war Dortmund Freie Reichsstadt und entwickelte sich bis ins 14./15. Jahrhundert hinein zu einer der wichtigsten Hansestädte. Dortmunder Kaufleute traf man in London ebenso an wie in Brügge, Danzig, Krakau, Prag oder Nowgorod. Mit der industriellen Revolution wurde Dortmund zur Stadt von Kohle und Stahl, doch von den einst 20 Großzechen fördert heute keine mehr. Die Stadt hat einen tiefgreifenden Strukturwandel erlebt. Heute arbeiten 61 % aller Beschäftigten im Dienstleistungsbereich. Durch die Universität und die Ansiedlung von 24 Forschungseinrichtungen ist die Stadt mittlerweile zum heimlichen Wissenschaftszentrum des Ruhrgebietes geworden.
In dem Kaufhaus am Hansaplatz (Bildzentrum) hat sich heute eine Karstadt-Filiale eingerichtet. Die Propsteikirche (links im Bild) stammt aus dem 14. Jahrhundert und gehörte früher zu einem Dominikanerkloster. Nach schweren Schäden im Zweiten Weltkrieg wurde sie 1951/52 als erste der zerstörten Dortmunder Kirchen wieder aufgebaut.

Abb. 62. Aufnahme von 1928.
Das Bild zeigt uns ein prächtiges Bauensemble aus der Dortmunder Innenstadt, das es so schon lange nicht mehr gibt. Die Synagoge (Bildmitte) wurde in der berüchtigten Pogromnacht am 9. 11. 1938, als der offene NS-Terror gegen jüdische Mitbürger begann, in Brand gesetzt und wenige Wochen später dem Erdboden gleichgemacht. Das alte Stadttheater (links) und die ehemalige Oberpostdirektion (rechts) waren nach den Bombenangriffen des Zweiten Weltkrieges völlig zerstört. Dortmund hatte in jener Zeit besonders hohe Verluste zu beklagen: bei Kriegsende war der Stadtkern, in dem 250.000 Menschen gewohnt hatten, zu 95% vernichtet.

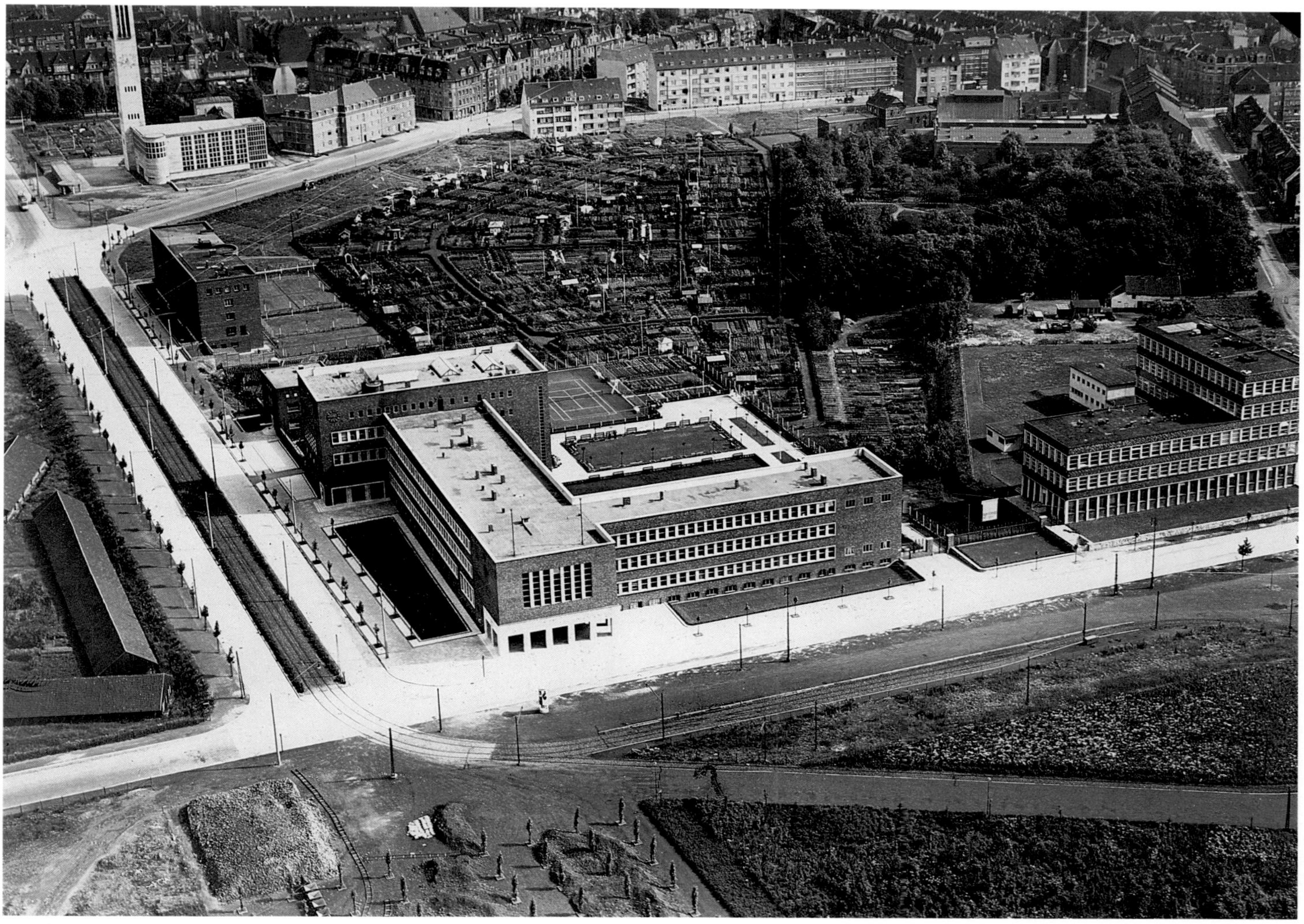

Abb. 63. Aufnahme um 1930.
Das Bild zeigt ein heute noch für viele Autofahrer bekanntes Thema: von links unten nach rechts verläuft die Trasse der späteren Bundesstraße 1, des „Ruhrschnellweges“, durch Dortmund. Am rechten Bildrand das Max-Planck-Institut, links daneben die Pädagogische Hochschule, zwei Baukörper, deren Architektur im Stile der „neuen Sachlichkeit“ den Einfluß des „Bauhauses“ verrät. Die evangelische Nikolaikirche (links oben im Bild), errichtet 1929/30, war zum Zeitpunkt der Aufnahme gerade fertiggestellt. Ihre Architektur war zu jener Zeit nicht unumstritten; immerhin handelt es sich um den ersten aus geschaltem Sichtbeton errichteten Sakralbau Deutschlands.

Abb. 64. Aufnahme von 1927.
Blick von Osten nach Westen über die Dortmunder Westfalenhalle. Die Straßenbahn (im unteren Bildteil) befährt die Ardeystraße. Rechts unten im Bild (nach oben) ist der Verlauf des späteren Ruhrschnellweges angedeutet.
Die Westfalenhalle wurde am 28. November 1928 eröffnet. Sie war in erster Linie für sportliche Großveranstaltungen konzipiert. Allein die Arena im Innenraum erreichte fast die Größe eines Fußballfeldes. Die feste Bestuhlung mit 5000 Sitzen konnte für 10.000 Besucher erweitert werden. Die mächtige Halle wurde seinerzeits emphatisch gefeiert: „Köln ist eine Fabrik, Brüssel eine Garage und Paris eine Bahnhofshalle neben diesem Bauwerk!“ Im Zweiten Weltkrieg wurde die Westfalenhalle zerstört und 1952 durch die 23.000 Besucher fassende neue Westfalenhalle – damals die größte Europas – ersetzt.
Etwas versteckt im Bild (zwischen den Bäumen über der Straßenbahn) erkennt man den heute noch vorhandenen „Steinernen Turm“, auch „Fredenturm“ genannt. Es handelt sich um einen der alten Wachtürme, die dort standen, wo Dortmunds Ausfallstraßen das Ende der städtischen Weiden und Waldungen erreichten. Der Fredenturm bezeichnet also eine der Stellen, an denen der Stadt-„Frieden“ endete.
Am oberen Bildrand links das berühmte Stadion „Rote Erde“.

Abb. 65. Aufnahme von 1928.
Auf der Zeche Westhausen in Dortmund-Bodelschwingh wurde von 1873 bis 1956 Kohle gewonnen. Fortan wurde die weitere Förderung auf der Zeche Hansa vorgenommen. Die meisten der Außenanlagen von Zeche Westhausen sind inzwischen abgebrochen. Einige Reste wie die Lohnhalle mit Wäschekaue und eine Werkshalle, insbesondere aber der an einen mittelalterlichen Bergfried erinnernde Malakoffturm (auf der Aufnahme etwas schwer zu erkennen, im Bildzentrum) stehen heute unter Denkmalschutz.

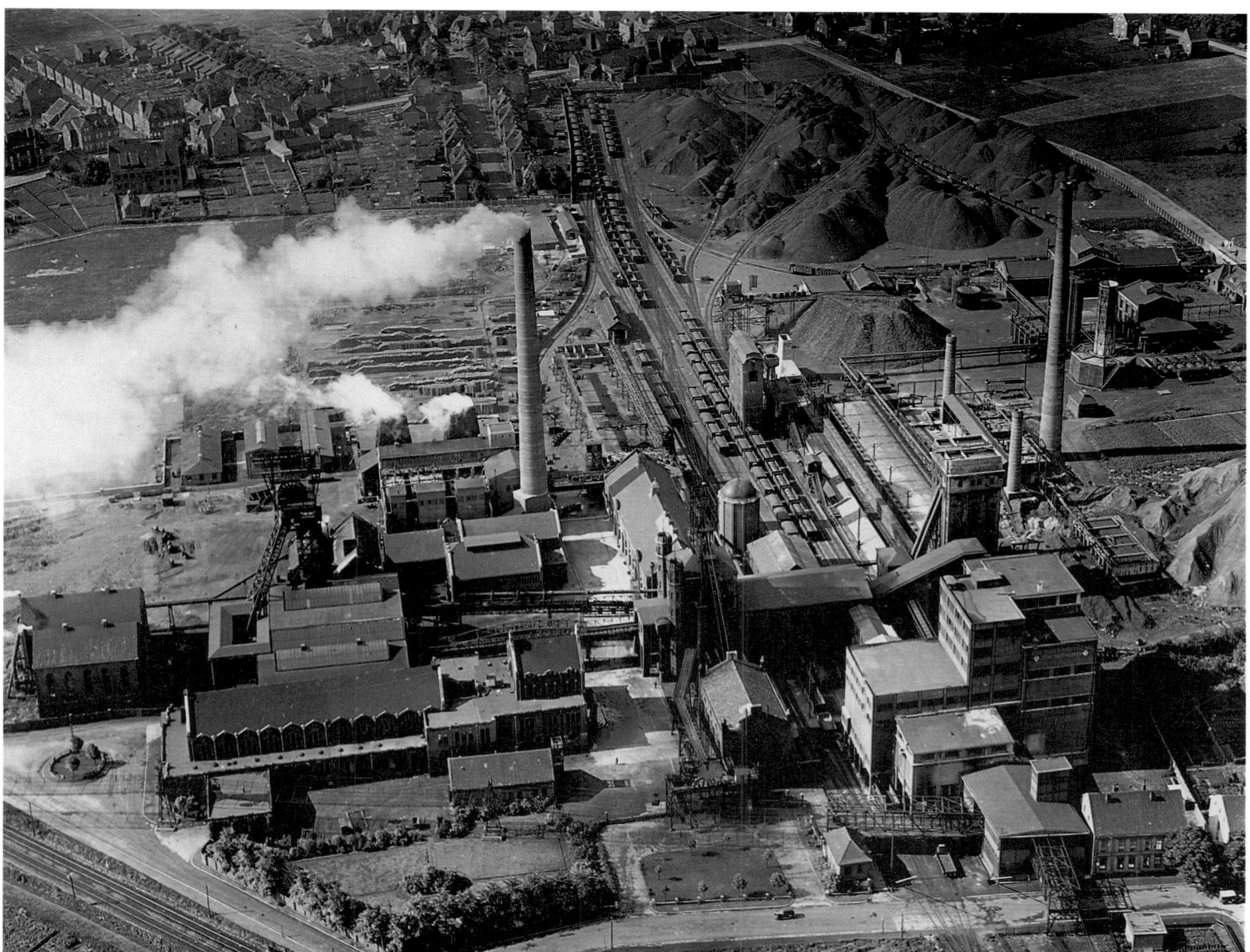

Abb. 66. Aufnahme von 1926.
Die Zeche Zollern II/IV ist heute Dortmunds bedeutendstes Industriedenkmal. Zwar wurde hier nur wenige Jahrzehnte lang Kohle gefördert (1903 bis 1955), doch galt die Gesamtanlage schon zu Beginn unseres Jahrhunderts als „Musterzeche", sowohl was die aufwendige Architektur anbelangte, als auch im Hinblick auf die seinerzeit hypermoderne technische Ausstattung. So war beispielsweise in der Maschinenhalle die erste elektrische Fördermaschine der Welt aufgestellt. Nach der Stillegung konnten wesentliche Teile der Außenanlagen erhalten werden, die heute die Besucher immer noch mit ihrer Architektur begeistern, die besonders plastisch den Stilwandel vom Historismus des 19. Jahrhunderts bis zum Jugendstil des beginnenden 20. Jahrhunderts zeigen. Im ehemaligen Verwaltungsgebäude befindet sich heute die Zentrale des Westfälischen Industriemuseums. Die beiden alten Fördergerüste (Bildmitte) wurden in den fünfziger Jahren abgerissen, sind aber inzwischen durch ähnliche Gerüste der Herner Zeche Friedrich der Große und der Gelsenkirchener Zeche Wilhelmine Victoria ersetzt worden. Im ehemaligen Pferdestall (zweites Gebäude von rechts) konnten 16 Pferde untergebracht werden.

Abb. 67. Aufnahme von 1928.
Auf der Zeche Tremonia in Dortmund-Mitte (Tremonia = lat. „Dortmund") wurde seit 1815 Stollenbau und seit 1869 Tiefbau betrieben. Das Bergwerk hatte im Verlauf seiner Geschichte zahlreiche wirtschaftliche Rückschläge zu überwinden; Berg- und Wassereinbrüche kamen hinzu. So wurde die Anlage bereits 1931 stillgelegt. Doch blieb sie zehn Jahre lang in förderfähigem Zustand, so daß sie 1941 an die 1927 gegründete Versuchsgrubengesellschaft verpachtet werden konnte, die die Aufgabe hat, Unfallgefahren und bergmännische Berufskrankheiten wissenschaftlich und praktisch zu erforschen. 1947 wurde die Zeche als „Versuchsgrube Tremonia" wieder in Betrieb genommen und dient noch heute als Versuchsbetrieb, beispielsweise für neue Bergtechniken, und als Lehrbetrieb für angehende Sprengsteiger oder Bergbaustudenten.

←
Abb. 68. Aufnahme von 1935.
Wie sehr der Bau moderner Verkehrswege das ursprüngliche Gesicht der Landschaft verändert hat, macht dieses Bild besonders deutlich. Es zeigt den Bau der Autobahn in Dortmund-Schwieringhausen. Das geplante Brückenwerk über den Dortmund-Ems-Kanal (oben im Bild) ist noch nicht fertiggestellt.
Die Eisenbahnstrecke (untere Bildhälfte), die neue Autobahntrasse und die Wasserstraße haben sich wie ein Netz über die Agrarlandschaft gelegt.

Abb. 69. Aufnahme um 1926.
Das Freibad in Dortmund-Niederhofen gibt es noch heute. Es lag – was früher selbstverständlich war – unmittelbar neben der Zeche Admiral, die 1912 ihre Förderung aufgenommen hatte. Bereits 1923 wurde der Betrieb infolge der französischen Ruhrbesetzung eingestellt; die Bergleute förderten damals nur noch Kohle zum Eigenverbrauch. 1924 wurde der Betrieb wieder aufgenommen, aber schon ein Jahr später soff die Grube ab und wurde stillgelegt. Dies hatte auch für das Freibad herbe Folgen, das bislang mit Zechenwasser (Sole) versorgt worden war.

Abb. 70. Aufnahme von 1927.
Der Stadtpark Westerholz in Dortmund (heute Freizeitpark Fredenbaum), nördlich des Kanalhafens, entstand zu Beginn unseres Jahrhunderts auf 75 Hektar städtischen Waldbesitzes, der seit dem 17. Jahrhundert Gemeineigentum gewesen war. „Fredenbaum“ hieß die Stätte eines Schlagbaums, der die Grenze des Gemeinwaldes und zugleich den städtischen Rechtsbereich markiert hatte. Das Westerholz wurde seinerzeit nicht nur als Ausflugs- und Erholungsgebiet hergerichtet, sondern es entstand auch ein frühes „Phantasialand“ mit einem riesigen Vergnügungslokal und permanenten Schaustellereinrichtungen. Das Vergnügungslokal „Fredenbaum“ (Bildmitte) ist mitsamt den umliegenden Freizeitstätten im Zweiten Weltkrieg zerstört worden.

Abb. 71. Aufnahme von 1928.
Der Marktplatz von Unna, dahinter die evangelische Stadtkirche St. Clemens (14./15. Jahrhundert).
Auch Unna entwickelte sich als Stadt aus der Anlage eines karolingischen Königshofes am Hellweg. Die Stadtrechte wurden dem Ort 1278 verliehen. Kaufleute und Zünfte prägten von jeher das wirtschaftliche Bild der Stadt. Der Handel mit Bier, Tuchen und Salz führte Unnaer Kaufleute bis in den Nord- und Ostseeraum. Seit 1389 wurden in Brockhausen – von hier entstammt die Familie des Verlegers Brockhaus – nördlich von Unna Solequellen erschlossen.
1732 teufte man ein staatliches Gradierwerk ab, in dem 1799 die erste Dampfmaschine Westdeutschlands zur Soleförderung in Betrieb ging. Aus den Anlagen entstand das (1940 aufgegebene) Kurbad Königsborn.

An der Emscher

Oberhausen, Bottrop, Gladbeck, Gelsenkirchen, Herne, Castrop-Rauxel, Herten, Recklinghausen, Oer-Erkenschwick

Abb. 72. Aufnahme von 1928.
Blick nach Osten über die Zeche Concordia Schacht II/III nach Oberhausen. Oben links im Bild der Hauptbahnhof. Die Zeche Concordia wurde nach dem Cölner Bergwerks-Verein in Altenessen als zweites Bergwerk des Ruhrgebietes in Form einer Aktiengesellschaft gegründet. Zwei Essener und zwei Mülheimer Kaufleute gründeten gemeinsam das Unternehmen, das sie Concordia (lat. für Eintracht) nannten. Bereits 1853 konnte die erste Kohle gefördert werden. 1928 – im Jahr der Luftaufnahme – wurde die Förderung auf Schacht II aus technischen Gründen eingestellt. Fünf Jahre später verfüllte man den Schacht und teufte ihn neu ab, so daß 1938 wieder gefördert werden konnte. 1968 wurde das Bergwerk stillgelegt. Anstelle der abgebrochenen Tagesanlagen entstand ein Einkaufszentrum.

Abb. 73. Aufnahme von 1926. Oberhausen-Osterfeld mit Blickrichtung nach Norden. In der Bildmitte die katholische Kirche St. Pankratius, die 1893 bis 1895 über einem älteren Vorgängerbau entstand. Rechts daneben das St.-Marien-Hospital.
Oberhausen ist eine typische Pionierstadt des Ruhrgebietes, die manchmal auch „Wiege des Ruhrgebietes" genannt wird, weil von hier die Eisenverhüttung im Revier ihren Ausgang nahm. Die Stadt entstand 1862 durch „Allerhöchste Cabinets-Ordre" der preußischen Regierung, mit dem der Zusammenschluß mehrerer Bauerschaften verfügt wurde. Eigentliche Keimzelle der Stadt war ein kleiner Bahnhof entlang der Köln-Mindener-Eisenbahnlinie gewesen, der deshalb eingerichtet worden war, um einen Anreiz für neue Industrieansiedlungen zu schaffen. Die Ähnlichkeit in der Stadtentwicklung mit nordamerikanischen Pionierstädten ist verblüffend. Ihren Namen erhielt die Stadt Oberhausen nach dem schon damals verfallenen Schloß Overhus an der Emscher von 1315, über deren Reste heute eine Bahnlinie führt. Das neue Schloß Oberhausen wurde im Jahre 1818 erbaut und beherbergt heute ein Kulturzentrum, in dem sich u. a. Teile der Kölner Sammlung Ludwig befinden.

Abb. 74. Aufnahme von 1926. Oberhausen-Osterfeld mit der Zeche Osterfeld. Blickrichtung nach Nordosten. Sehr schön ist zu sehen, wie die alten Ackerflächen Osterfelds von der Industrie quasi „eingekreist“ wurden. Die Zeche Osterfeld nahm 1879 die Förderung auf und arbeitet heute — nach mehr als 110 Jahren — immer noch. Links unten im Bild erkennt man einige Häuser der Siedlung Eisenheim, der ältesten Arbeiterkolonie im Ruhrgebiet. Auf dem Gelände oben links im Bild arbeitete früher die Antonihütte, das erste Stahlunternehmen im Ruhrgebiet.

Abb. 75. Aufnahme von 1928.
Den Stadtpark von Oberhausen-Osterfeld, in dessen unmittelbarer Nachbarschaft zum Zeitpunkt der Aufnahme noch Formsand für Hüttenwerke abgebaut wurde, gibt es heute nicht mehr. Das Gelände ist Teil des Revierparks Vonderort geworden, der 1974 auf der Grenze von Bottrop zu Oberhausen der Öffentlichkeit übergeben wurde. In den Jahren zwischen 1970 und 1979 entstanden – initiiert vom Siedlungsverband Ruhrkohlenbezirk/Kommunalverband Ruhrgebiet – fünf solcher Revierparks für Erholung, Sport und Freizeitgestaltung. Neben Vonderort sind es Mattlerbusch (Duisburg), Nienhausen (Essen/Gelsenkirchen), Gysenberg (Herne) und Wischlingen (Dortmund).

Abb. 76. Aufnahme von 1929.
Vermutlich im Jahre der Eröffnung (1929) entstand dieses Bild der Berufsschule am Bottroper Hans-Sachs-Platz. Im Hintergrund die Bergwerksanlage Prosper III.

Bottrop (Borgthrope), urkundlich um 1100 erstmals erwähnt, war jahrhundertelang ein beschauliches Dorf, bis 1856 der erste Schacht von Zeche Prosper abgeteuft wurde. Damals lebten hier rund 5000 Menschen. Trotz der nun folgenden rasanten industriellen Entwicklung und des Zuzugs Zehntausender von Arbeitskräften wurde Bottrop erst 1919 zur selbständigen Stadt — bis dahin war es das größte Dorf Deutschlands gewesen. Bis heute hat sich die Stadt eine hervorragende Infrastruktur, attraktive Grünzonen und hochrangige kulturelle Einrichtungen geschaffen. Dennoch lebt Bottrop immer noch von und mit der Zeche.

Abb. 77. Aufnahme von 1924.
Die Schachtanlage Prosper I wurde 1856 abgeteuft und nahm 1863 die Förderung auf. 1902/1903 erhielt die Anlage einen Doppelförderschacht. 1925 wurde die Förderung auf Prosper I eingestellt. Selbst aus der Luftperspektive wird deutlich, daß ein Teil der Übertagebauten stark von Jugendstilelementen geprägt war (Bildmitte links).

Abb. 78. Aufnahme von 1924.
Die Bottroper Schachtanlage Prosper II. Hier wird seit 1873 Kohle gefördert. 1974 erfolgte der Verbund der Schachtanlagen Prosper, Jacobi und Franz Haniel zum Bergwerk Prosper-Haniel. Bei genauem Hinsehen erkennt man auf der Luftaufnahme gleich zwei Malakofftürme. Der erste (linke Bildhälfte unten, neben dem Wasserturm) wurde bereits 1983 abgerissen. Der zweite (linke Bildhälfte oben) steht heute unter Denkmalschutz. Er wurde 1871, reich verziert mit Blendfenstern, Friesen, Zinnen und Treppentürmchen, erbaut, erhielt 1905 ein – heute nicht mehr vorhandenes – eingezogenes Gerüst, das zu Beginn des 20. Jahrhunderts durch ein modernes Stahlfördergerüst ersetzt wurde. Diese merkwürdige Kombination von Malakoffturm und Stahlfördergerüst über dem (inzwischen verfüllten) Schacht 2 von Prosper-Haniel ist das letzte Exemplar dieser Art im Ruhrgebiet.

Abb. 79. Aufnahme von 1926.
Schon in den zwanziger Jahren war die Kirchheller Heide ein beliebtes Naherholungsgebiet. Gern besuchte man die Gartengaststätte „Forsthaus Specht“ (oben im Bild).
1821 wurde das damals rund 800 Jahre alte Dörfchen Kirchhellen mit Bottrop und Osterfeld zu einer Bürgermeisterei vereinigt, erreichte aber schon 1858 wieder den Status einer selbständigen Gemeinde im Kreis Recklinghausen. Im Rahmen der kommunalen Neuordnung wurde Kirchhellen am 1. 7. 1976 der Stadt Bottrop zugeschlagen. So kam auch die Kirchheller Heide zu Bottrop, das sich seither mit der Bezeichnung „waldreichste Stadt im Ruhrgebiet“ schmücken kann.

Abb. 80. Aufnahme von 1931.
Blick über Gladbeck. Oben links im Bild das 1910 fertiggestellte Amtshaus, das spätere Rathaus; rechts die katholische Pfarrkirche St. Lambertus, eine neugotische Hallenkirche, die 1897 bis 1899 erbaut wurde und eine ältere kleinere Barockkirche ersetzte.
Die ältesten Nachrichten über einen Ort namens Gladbeck stammen aus dem 11. Jahrhundert. Das Dörfchen erhielt allerdings im Verlaufe der Jahrhunderte niemals besondere Bedeutung. Erst 1873, als der erste Zechenschacht abgeteuft wurde, begann der schnelle Aufstieg zur Industriestadt. Ebenso wie Bottrop wurde Gladbeck aber erst 1919 zur Stadt. 1975 wurde Gladbeck nach Bottrop eingemeindet. Aber eine erfolgreiche Verfassungsbeschwerde rettete den Gladbeckern im Jahr darauf ihre städtische Selbständigkeit im Kreis Recklinghausen.

Abb. 81. Aufnahme von 1924.
Das Bauensemble am Jovy-Platz in Gladbeck entstand zu Beginn unseres Jahrhunderts zu einer Zeit, als Gladbeck noch nicht zur Stadt geworden war. Die großflächige Anlage und die strenge Architektur öffentlicher Bauten mit Amtsgericht (oben rechts), „Polizeiamt“ (links) und Hallenbad (unten) demonstriert eindrucksvoll den Anspruch der Stadt auf Selbständigkeit, der ihr schließlich 1919 gewährt wurde. Obwohl Gladbeck im Zweiten Weltkrieg zu 45% zerstört wurde, blieb die auf dem Bild zu sehende alte Bausubstanz bis heute im wesentlichen erhalten.

Abb. 82. Aufnahme von 1924.
Die Zeche Graf Moltke hat die Entwicklung Gladbecks entscheidend mitgeprägt. 1873 wurde der erste Schacht abgeteuft, ab 1877 Kohle gefördert. Erst 1879 erhielt das Bergwerk, das bis dahin „Rieckchen“ hieß, seinen endgültigen Namen. Um die Jahrhundertwende galt die Zeche Graf Moltke als eine der modernsten ihrer Zeit. Obwohl noch 1970 eine Jahresfördermenge von über 1 Million Tonnen erreicht wurde, mußte die Zeche Graf Moltke 1971 als ältestes und letztes Bergwerk Gladbecks stillgelegt werden.

Abb. 83. Aufnahme von 1924. Gelsenkirchen-Altstadt — im Bildzentrum links das 1894 erbaute alte Rathaus am Machens-Platz. Zum oberen Bildrand verläuft die Ahstraße. Das alte Rathaus wurde 1970 abgerissen. An seiner Stelle entstand ein modernes Büro- und Geschäftshaus.
Früher war Gelsenkirchen ein kleines Kirchdorf mit etwa 600 Einwohnern. Dorfkern war das sog. Rundhöfchen mit der ev. Kirche (oberer Bildrand Mitte). 1840 stieß man erstmals auf Kohle, und wie bei allen Emscherstädten begann nun ein sprunghafter wirtschaftlicher Aufschwung, an dem Industrielle wie Mulvany, Grillo, Thyssen und Kirdorf maßgeblich beteiligt waren. Kohle, Stahl, die chemische und die Glasindustrie ließen die Einwohnerzahl Gelsenkirchens bis 1928 auf knapp 350.000 anschwellen; das ehemalige Dörfchen war nach Dortmund zur zweitgrößten Stadt Westfalens geworden.

Abb. 84. Aufnahme von 1926. Gelsenkirchen-Neustadt, angeflogen von Süden, mit Blick auf Bulmke und Hüllen (oberer Bildrand). Im linken oberen Bilddrittel der Hauptbahnhof, dahinter die Alte Post. Rechts davon die Ausstellungshallen an der Wildenbruchstraße (vgl. Abb. 86). Die Kleingartenfläche im Bildzentrum ist heute vollständig bebaut. Am unteren Bildrand der alte Herrensitz Haus Leithe aus der zweiten Hälfte des 16. Jahrhunderts (umgebaut im 17. und 19. Jahrhundert). Die Anlage konnte in jüngster Zeit vor dem drohenden Verfall bewahrt werden.

Abb. 85. Aufnahme von 1926.
Blick von Süden über die Altstadt von Gelsenkirchen. Am rechten unteren Bildrand das Hans-Sachs-Haus während der Bauphase. 1927 war der expressionistische Klinkerbau fertiggestellt, in dem heute ein Teil der Stadtverwaltung untergebracht ist. Architekt war Alfred Fischer, der auch die harmonischen Klinkerbauten des Ruhrsiedlungsverbandes in Essen und des Volkshauses in Gelsenkirchen-Rotthausen schuf. Die großen flachen Gebäude links neben dem Hans-Sachs-Haus gehörten zum „größten Pferdestall der Welt", der von der Firma Ernst Bischoff betrieben wurde. Sie unterhielt bis zu 6000 Pferde, die an fast alle Bergwerke des Reviers verliehen wurden. 1913 waren fast 8000 Grubenpferde unter Tage eingesetzt, die überwiegend von Spezialfirmen ausgeliehen wurden. Mit der fortschreitenden Mechanisierung im Bergbau nahm ihre Zahl allmählich ab: 1920 waren es noch knapp 4000, 1933 1600 und 1942 1000. Das letzte Grubenpferd des Reviers verließ 1966 die Schachtanlage General Blumenthal in Recklinghausen.

Vorseiten
Abb. 86. Aufnahme von 1924.
Die Hochöfen der Gelsenkirchener Eisenwerke AG grenzten im Osten unmittelbar an die Altstadt. Die Firma wurde 1872 auf Initiative des Ruhrindustriellen Friedrich Grillo gegründet und nahm 1875 die Produktion auf. Heute erinnern nur noch Straßennamen wie Hochofenstraße oder Kesselstraße an die gigantische Anlage, die im Verein mit vielen anderen Stahlwerken und Hochöfen den Lebensrhythmus der Stadt bestimmte — ein Grund, warum Gelsenkirchen früher den Beinamen „Stadt der tausend Feuer" trug. Der Hochofenabstich der Gelsenkirchener Eisenwerke ließ den Nachthimmel feuerrot erglühen, ein immer wieder faszinierendes Bild.

Abb. 87. Aufnahme von 1924.
In den ehemaligen Gelsenkirchener Ausstellungshallen am heutigen Wildenbruchplatz fanden gelegentlich auch Sportveranstaltungen statt. Wegen ihrer Lage an der Wildenbruchstraße wurden sie allgemein auch „Wildenbruchhallen" genannt. Sie brannten im Zweiten Weltkrieg ab.

Abb. 88. Aufnahme von 1924.
Gelsenkirchen-Schalke, Synonym für Fußball schlechthin — Synonym aber auch für Leben und Arbeit zwischen Kohle, Stahl und Chemie. Einmal mehr verdeutlicht diese Aufnahme der Schalker Mannesmann-Röhrenwerke die enge Verflechtung zwischen Industrieanlagen und Wohnbebauung zu Beginn unseres Jahrhunderts. Inmitten der rauchenden Schlote liegt die berühmte Schalker Glückauf-Kampfbahn (Bildmitte links).

Abb. 89. Aufnahme von 1928. Eingezwängt von Eisenbahnlinien, die Chemische Industrie AG in Gelsenkirchen-Schalke. Heute führt die A 42 (Emscherschnellweg) durch dieses Gelände an der Kurt-Schumacher-Straße. Bis in die Gegenwart hinein ist die chemische Industrie ein wesentliches Standbein der Gelsenkirchener Wirtschaft geblieben. Lag früher der Schwerpunkt auf der Kohlechemie, so ist es heute die Erdölchemie, begünstigt zum einen durch die verkehrsfreundliche Lage der Stadt am Rhein-Herne-Kanal. Zum anderen enden in Gelsenkirchen zwei Erdölpipelines von Wilhelmshaven und Rotterdam.

Abb. 90. Aufnahme von 1931.
Markttag in Gelsenkirchen-Buer. Vom linken Bildrand unten bis zur katholischen Propsteikirche St. Urbanus (neugotisch, erbaut 1890/93) rechts oben im Bild verläuft die Hochstraße, Buers „Einkaufsmeile". Am Marktplatz steht das Textilkaufhaus Weiser.
Buer, dessen Siedlungskern eine nicht mehr erhaltene mittelalterliche Wasserburg war, wurde 1448 „Freiheit", 1911 Stadt und konnte sich bereits 1921 „Großstadt" nennen. 1928 wurde Buer nach Gelsenkirchen eingemeindet und brachte quasi als „Morgengabe" nicht unbeträchtliche Grünzonen (Stadtwald und Lochterheide) sowie Schloß Berge in die ungeliebte Ehe ein.

Abb. 91. Aufnahme von 1924.
1912, ein Jahr, nachdem Buer zur Stadt geworden war, konnte das aus 100 Zimmern bestehende Rathaus (Bildzentrum) bezogen werden. Und der Rang einer Großstadt sollte auch mit einem eigenen Polizeipräsidium (links unten im Bild während der Bauphase) dokumentiert werden. Doch die Kommunalreform von 1928 machte aus der selbständigen Großstadt einen Vorort des Nachbarn Gelsenkirchen – eine Entwicklung, die von alten Bueranern bis heute nicht verwunden ist.

Abb. 92. Aufnahme von 1924.
Ehemaliger „Verkehrsknotenpunkt" von Buer war die Kreuzung Horster Straße/ Hochstraße.
1920 gab es im Bereich des Siedlungsverbandes Ruhrkohlenbezirk 26 Straßenbahngesellschaften und drei Kleinbahngesellschaften, die teilweise mit unterschiedlichen Spurweiten arbeiteten, was die Verkehrsverbindungen zwischen den Ruhrgebietsstädten häufig sehr erschwerte.

Abb. 93. Aufnahme von 1926.
Haus Horst (heute zu Gelsenkirchen gehörend) war einst eine der bedeutendsten Schloßanlagen weit und breit. Bereits 1282 verlieh König Rudolf von Habsburg dem Arnold von Horst das Recht, neben seiner Burg an der Emscher eine mit Mauern und Gräben befestigte Stadt zu bauen. Der bedeutendste Vertreter des Hauses Horst war Rutger von der Horst, der 1556 bis 1578 ein großartiges Wasserschloß auf den Grundmauern der abgebrannten Burg Horst im Stil der sogenannten „Lipperenaissance" erbauen ließ. Die Anlage verfiel aber allmählich infolge der sumpfigen Emscherauen und wurde zur Mitte des 19. Jahrhunderts fast ganz abgerissen. Heute erinnern nur noch einige Gebäudeteile mit wenigen Dekorresten an die Pracht früherer Jahrhunderte.

Abb. 94. Aufnahme von 1926.
Der Hauptbahnhof von Herne mit Blick nach Norden. Vom Bahnhofsvorplatz zweigt (nach links oben) die Bahnhofstraße ab, noch heute die meistfrequentierte „Lebensader" der Stadt.
Die Eröffnung des Bahnhofs an der Köln-Mindener Eisenbahnstrecke 1847 markiert den Beginn der Industrialisierung in Herne. In jenem Jahr zählte das Bauerndorf genau 999 Einwohner.
50 Jahre später, 1897, wurde Herne zur Stadt, die allerdings trotz der rasch expandierenden Bergbauindustrie verhältnismäßig langsam wuchs. Erst zur Mitte des 20. Jahrhunderts wurde der 100.000ste Einwohner gezählt. Heute, nach dem Zusammenschluß von Herne und Wanne-Eickel, sind es knapp 180.000.

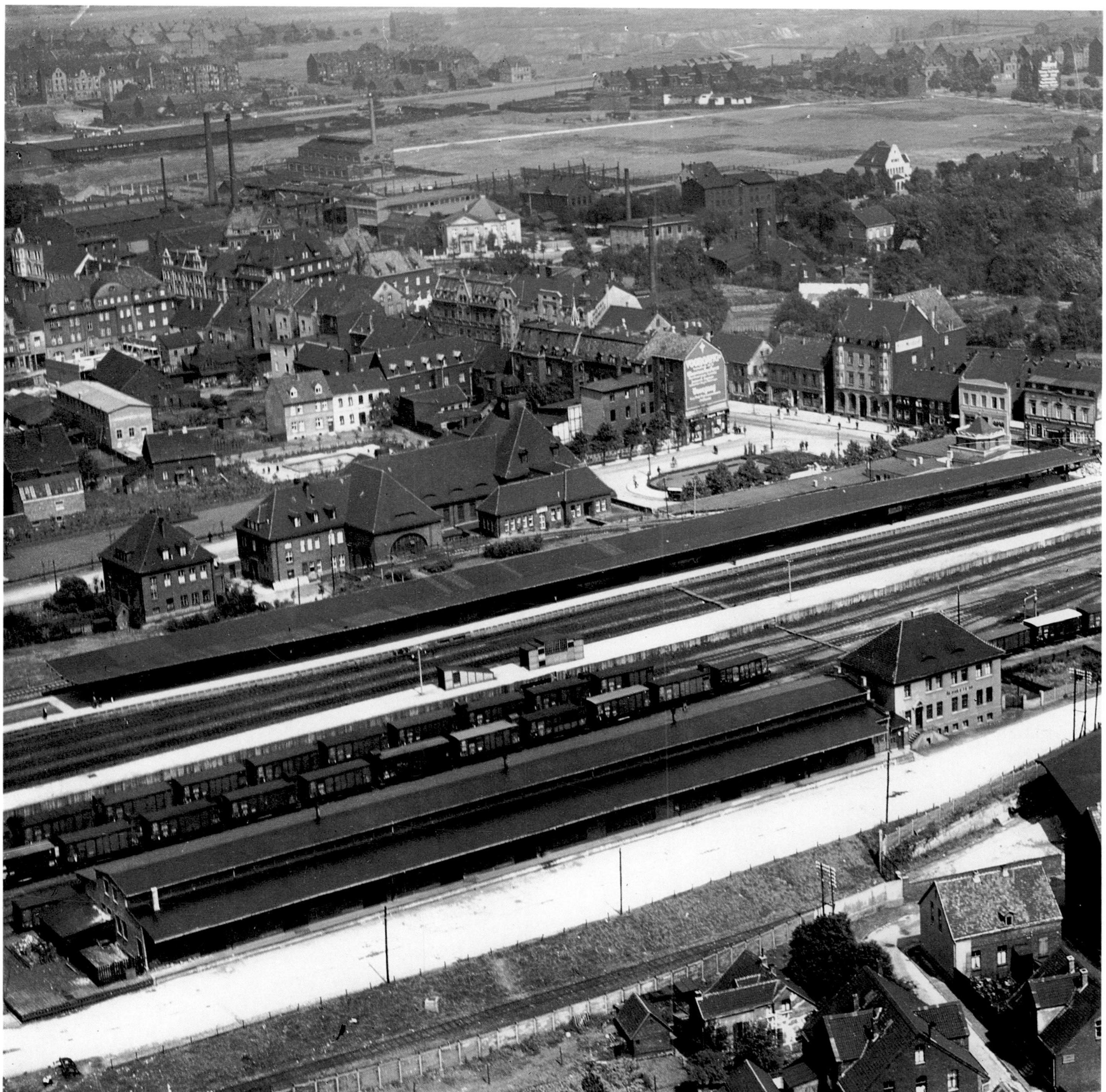

Abb. 95. Aufnahme von 1926.
Westlich des Herner Hauptbahnhofs, zwischen Bismarckstraße und Cranger Straße stand die Zeche Von der Heydt, auf der seit 1869 Kohle gefördert wurde. Im Jahr der Aufnahme waren die Übertageanlagen bereits teilweise abgebrochen, weil die Kohle seit 1918 unter Tage zur Zeche Julia in Herne-Baukau gebracht und dort gefördert wurde. 1928 wurde das gesamte Bergwerk von der Zechengesellschaft Julia übernommen.
Das Bild zeigt einmal mehr die ungeordnete Siedlungsstruktur, den „Wildwuchs“ in frühen Ruhrgebietsstädten. Zechen wurden dort angelegt, wo es Kohle gab. Eine ungeordnete Wohnbebauung folgte nach. Die Infrastruktur bestand – salopp gesagt – aus „Kirche, Konsum und Kneipe“.

Abb. 96. Aufnahme von 1928.
Herne – die goldene Stadt, so sagte man im Ruhrgebiet nach dem Ende des Zweiten Weltkrieges. Herne war im Gegensatz zu allen anderen Städten wie durch ein Wunder weitgehend von Zerstörungen verschont geblieben. Und wer in jener Zeit einkaufen oder sich vergnügen wollte, der stattete Herne einen Besuch ab, vorzugsweise den Geschäften und Etablissements an der Bahnhofstraße.
Unbehelligt von Kriegszerstörungen blieb auch das repräsentative Herner Stadtforum. Unser Bild zeigt das Amtsgericht von 1920 (links) und das Rathaus (rechts), 1912 von dem Architekten W. Kreis erbaut, der auch das Gebäude der Emschergenossenschaft in Essen und den Ehrenhof in Düsseldorf schuf. Dazwischen – unterhalb der Kirmes (Bildmitte oben) – erkennt man noch die Reste des alten Bauerngutes „Hof Bergelmann“. Die Hofgebäude in unmittelbarer Nachbarschaft des Rathauses störten jahrzehntelang den Ordnungssinn Herner Stadtväter; so ließ man sie einfach verrotten, bis man sie 1959 schließlich „wegen Baufälligkeit“ abreißen lassen konnte.

Abb. 97. Aufnahme von 1926.
Das Wasserschloß Strünkede in Herne war seit 1142 Sitz der Herren von Strünkede, die über viele Jahrhunderte hinweg die Geschicke des Ortes bestimmten. Die frühere Burganlage wurde im 16./17. Jahrhundert durch einen repräsentativen Renaissance-Neubau ersetzt, den die Stadt Herne 1958 kaufte. Nach umfangreichen Renovierungsarbeiten sind heute hier die Abteilungen Früh- und Kulturgeschichte des Emschertal-Museums untergebracht. Die Schloßkapelle (am rechten Bildrand inmitten der Bäume) von 1272 ist Hernes ältestes erhaltenes Bauwerk, obwohl der kleine Ziegelbau in seiner gegenwärtigen Form wahrscheinlich aus dem 14./15. Jahrhundert stammt.

Abb. 98. Aufnahme von 1928.
Die Zeche Pluto in Herne-Wanne-Eickel nahm ihre Förderung 1860 auf und entwickelte sich schnell zu einer der ertragreichsten Großzechen des Reviers. Nach dem Zweiten Weltkrieg änderte sich das Aussehen der Übertageanlagen grundlegend. Der berühmte Industriearchitekt Fritz Schupp entwarf ein funktionalistisches Doppelstrebgerüst (1953) sowie eine Waschkaue (1957) und ein Bürogebäude (1945). 1976 wurde die Zeche Pluto stillgelegt. Die erhaltenen Schuppschen Anlagen gelten heute als vorbildliches Beispiel neuzeitlicher Industriearchitektur.
Vor der Zeche Unser Fritz (oberer Bildrand) ist noch ein Malakoffturm von 1873 erhalten. Mit der Stillegung des Bergwerks Friedrich der Große (ohne Abbildung) endete 1978 die Geschichte des Bergbaus in Herne.
Die von der Industrie verbrauchte Landschaft war einst Teil des sog. „Emscherbruchs", in dessen Bruchwäldern noch im 19. Jahrhundert Wildpferde lebten.

Abb. 99. Aufnahme von 1928.
Die Zeche Graf Schwerin in Castrop-Rauxel war neben den Bergwerken Erin und Victor prägend für die Entwicklung des Dörfchens Castrop, das, 834 erstmalig erwähnt, seit 1470 Stadtrechte hatte und 1902, 1926 und 1928 mit dem benachbarten Rauxel und einem Dutzend umliegender Orte vereinigt worden war. Auf der Zeche Graf Schwerin wurde 1875 erstmals Kohle gefördert. Die Stillegung erfolgte 1967.
Einmal mehr sieht man auf dem Bild Freiflächen, die als Pacht- und Grabeland zur Selbstversorgung der Arbeiter genutzt wurden.

Abb. 100. Aufnahme von 1926. Westerholt, seit 1975 Stadtteil von Herten, entstand aus einer Ansiedlung um die 1310 bezeugte St. Martini-Kirche. Bereits 1193 traten die Herren von Westerholt auf, die vermutlich im Besitz von Burg Westerholt waren, die allerdings erst für das 14. Jahrhundert nachgewiesen werden kann. Nachdem zu Beginn des 19. Jahrhunderts eine Feuersbrunst die Burg in Schutt und Asche gelegt hatte, ließ Graf Wilhelm von Westerholt eine neue Schloßanlage im klassizistischen Stil errichten (angeschnitten unten rechts im Bild), die noch heute der gräflichen Familie als Wohnsitz dient.
Die ehemalige „Freiheit" und spätere Stadt Westerholt wird gerne das „westfälische Rothenburg" genannt, weil es hier noch zahlreiche Fachwerkhäuser in verwinkelten alten Gäßchen gibt. Die Erhaltung des Ortskerns wird heute mit Landesmitteln gefördert.

Abb. 101. Aufnahme von 1926.
Die Zeche Westerholt ist eines der jüngeren Bergwerke des Reviers. 1910 wurde die Förderung aufgenommen. Die Luftaufnahme macht deutlich, daß die Zeche im Gegensatz zu anderen Anlagen eine klare, einheitliche Architektur und eine funktionalistische Konzeption der Übertageanlagen besitzt, die sich bis heute bewährt hat. Das Bergwerk arbeitet mit einer deutlich über 2 Millionen Tonnen liegenden jährlichen Abbauleistung immer noch. Obwohl die Zeche zum Gebiet von Gelsenkirchen-Buer zählt, gehören ihre übertägigen Betriebsanlagen eher zum Hertener Ortsteil Westerholt. Aber auch ohne sie hat sich die Stadt Herten mittlerweile zur größten Zechenstadt Deutschlands entwickelt. Mit jährlich rund acht Millionen geförderten Tonnen wird hier ebensoviel Steinkohle zutage gefördert wie im gesamten Saarland.

Abb. 102. Aufnahme um 1925.
Blick auf den Marktplatz von Recklinghausen. Die Altstadt lehnte sich früher an eine aus einem karolingischen Reichshof hervorgegangene Burg an. Stadtrechte erhielt die spätere Hansestadt um 1230. Aus jener Zeit stammt noch die Propsteikirche St. Peter (links im Bild), die im 16. und 17. Jahrhundert umgebaut wurde. Vom 16. bis zum Beginn des 19. Jahrhunderts war Recklinghausen ständig in kriegerische Auseinandersetzungen verwickelt, bis eine neue wirtschaftliche Blütezeit durch den Anschluß an das Eisenbahnnetz des Ruhrgebietes und den Kohlebergbau (1869/70) anbrach. Heute ist Recklinghausen wirtschaftlicher und kultureller Mittelpunkt an der Schwelle des Ruhrgebiets zum südlichen Münsterland.

Abb. 103. Aufnahme um 1925.
Da Recklinghausen im Zweiten Weltkrieg nur geringe Zerstörungen erlitt, lediglich das Nordviertel wurde in Schutt und Asche gelegt, ist ein großer Teil der repräsentativen Bebauung aus der Zeit der Jahrhundertwende erhalten geblieben. Rechts im Bild das 1902 bis 1905 erbaute Kreishaus, das inzwischen einen Nachfolgebau südlich des bekannten Erlbruchparks erhalten hat.

Abb. 104. Aufnahme von 1926.
Die Zeche Recklinghausen II in Recklinghausen-Hochlarmark. 1882 teufte man in Hochlarmark den Schacht Clerget 2 der seit 1866 fördernden Zeche Recklinghausen ab. Über diesem Schacht entstanden dann die Tagesanlagen der sogenannten Zeche Recklinghausen II, die 1974 stillgelegt wurde. Rechts im Bild erkennt man Teile der sogenannten Hochlarmarker „Dreieckssiedlung“ (entstanden 1882 – 1886 und 1901 – 1903), an der die Wirtschafts- und Sozialgeschichte der Bergarbeiterschaft um die Jahrhundertwende besonders gut ablesbar ist. Wie vielerorts im Ruhrgebiet ist das Bewußtsein um den Denkmalswert der Siedlung bei den heutigen Bewohnern ungewöhnlich stark vorhanden.

Abb. 105. Aufnahme von 1934.
Das Rathaus von Oer-Erkenschwick.
Es wurde quasi „auf der grünen Wiese“ erbaut, nachdem das alte Kirchspiel Oer und die Bauerschaft Erkenschwick 1926 zu einer Großgemeinde zusammengelegt worden waren. Erst 1953 erhielt die neue Gemeinde die Stadtrechte. Bis 1964 gehörte Oer-Erkenschwick zum Amt Datteln, dann kam die Stadt zum Kreis Recklinghausen.

An der Lippe

Dorsten, Schermbeck, Marl, Haltern, Datteln, Waltrop, Lünen, Selm, Hamm

Abb. 106. Aufnahme von 1925.
Dorsten, seit 1251 selbständige Stadt, wurde im 14. Jahrhundert befestigt. Im 17. Jahrhundert wurde die Festung in Form eines achtstrahligen Sterns ausgebaut. Auf unserem Luftbild ist noch recht deutlich der fast kreisrunde mittelalterliche Befestigungsring der ehemaligen Hansestadt zu erkennen. Kurz vor Ende des Zweiten Weltkrieges wurden 80 % der Dorstener Altstadt durch Bombenangriffe zerstört.
Im oberen Bilddrittel der Wesel-Datteln-Kanal während der Ausbauphase. 1931 wurde er in Betrieb genommen.

Abb. 107. Aufnahme von 1924.
Der Dorstener Marktplatz inmitten der eng bebauten, beschaulichen Altstadt mit Fachwerk- und Bürgerhäusern. Die spätgotische Hallenkirche St. Agatha wurde im Zweiten Weltkrieg vollständig zerstört, ist aber bald in ähnlicher Form wieder aufgebaut worden. Unversehrt blieb in den Bombennächten allerdings das alte Rathaus von 1757 (Bildzentrum, am Marktplatz unmittelbar vor dem Kirchturm), in dem heute das städtische Museum untergebracht ist.

Abb. 108. Aufnahme von 1928.
Die Zeche Brassert I/II in Marl-Brassert. 1905 wurde der erste Schacht abgeteuft, 1909 mit der Förderung begonnen. Die Gesamtanlage war klar gegliedert und hatte eine schlichte, an den Bedürfnissen eines Bergwerks ausgerichtete Architektur. Unmittelbar an das Zechengelände schloß sich die Kolonie Brassert an, eine ungewöhnlich große Siedlung, erbaut 1911 – 1928 als Gartenstadt mit 40 unterschiedlichen Haustypen.

Die Zeche Brassert wurde 1972 stillgelegt, ihre Tagesanlagen sind 1973 abgerissen worden. Wichtig für Bergwerke in jener Zeit war das Grubenholz. In der Bildmitte links erkennt man den Holzplatz. Noch zu Beginn der 50er Jahre wurde im Ruhrbergbau jährlich der Holzbestand von mehreren tausend Hektar Wald verbraucht, bis sich die Abbaumethoden allmählich änderten und Stahlstempel und Schildvorbau die Holzstempel ablösten.

←
Abb. 109. Aufnahme von 1924.
Schloß Gartrop bei Hünxe wird 1337 erstmalig urkundlich genannt. Im 17. Jahrhundert wurde es ausgebaut, und es entstand eine prächtige barocke Anlage, die vermutlich 1675 vollendet war. Der bauliche Zustand, der auf unserem Luftbild wiedergegeben ist, hat sich bis heute wenig verändert. Zum Schloß gehört noch eine typisch niederrheinische Wassermühle, die aus dem 15. Jahrhundert stammt.

←
Abb. 110. Aufnahme von 1924.
Dörfliche Idylle in Schermbeck-Gahlen, unweit der Lippe. Schermbeck, 799 erstmals erwähnt und seit 1417 im Besitz der Stadtrechte, hatte im Verlauf der Jahrhunderte wegen seiner strategisch günstigen Lage stets einige Bedeutung, so auch lange Zeit als Grenzfeste der Herzöge von Kleve. Die Wassermühle am Dorfteich in Schermbeck-Gahlen (Bildzentrum) stammt vermutlich aus dem 15. Jahrhundert und ist heute noch in Betrieb.

Abb. 111a. Aufnahme von 1927.
Haltern am Nordrand des Ruhrgebietes blickt auf eine fast 2000jährige Geschichte zurück. Seit 1899 werden hier die Reste eines römischen Militärlagers ausgegraben, das im Jahre 11 v. Chr. von Drusus für die 19. römische Legion angelegt wurde, die 9 n. Chr. bei der Schlacht im Teutoburger Wald unterging. Das ehemalige Hansestädtchen Haltern entwickelte sich etwa seit dem Jahr 1000 um die (1875 abgebrochene und durch einen neugotischen Hallenbau ersetzte) Pfarrkirche St. Sixtus. Der Ort erhielt 1289 die Stadtrechte und hatte als Grenzort zwischen dem Fürstbistum Münster und dem kurkölnischen Vest Recklinghausen in den folgenden Jahrhunderten viel zu leiden.

Abb. 112. Aufnahme um 1930.
Der Halterner Stausee entstand in den Jahren von 1927 bis 1930 durch den Aufstau der Stever kurz vor ihrer Mündung in die Lippe. Er dient als Speicherbecken und gewährleistet in Trockenzeiten eine ausreichende Wasserversorgung. Gleichzeitig ist der Stausee zum zentralen Freizeitbereich im nördlichen Ruhrgebiet geworden. Besonders beliebt ist der weite Sandstrand des Seebades.
Der im Raum Haltern gewonnene Quarzsand wird wegen seiner guten Qualität für die Glasherstellung geschätzt.

←
Abb. 111b. Aufnahme von 1926.
Die Senkrechtaufnahme läßt noch den Verlauf der mittelalterlichen Befestigungsanlage erkennen, von der heute nur noch der Siebenteufelsturm von 1502 erhalten ist.

Abb. 113. Aufnahme von 1928.
Bei Haltern liegt Haus Sythen, das vermutlich auf den Resten einer alten Wallburganlage erbaut und für das 14. Jahrhundert erstmals im Besitz der Familie von Hagenbeck genannt wurde.
Später folgten die Familien von Besten (15. Jahrhundert), von Ketteler (16. Jahrhundert), von Galen zu Bisping und von Fürstenberg-Herdringen (18. Jahrhundert) sowie von Westerholt (19. Jahrhundert). Unsere Luftaufnahme ist wahrhaft historisch, denn 1966 wurde Haus Sythen von seinem letzten Eigentümer, dem Grafen von Westerholt, verkauft und ist inzwischen abgerissen worden.

Abb. 114. Aufnahme von 1932.
Die Zeche Emscher-Lippe in Datteln lag unmittelbar am Dortmund-Ems-Kanal. Sie gehörte zum Essener Krupp-Konzern. Die erste Kohle ist 1906 gefördert worden. Nach schweren Zerstörungen im Zweiten Weltkrieg wurde das Bergwerk nach 1946 schnell wieder aufgebaut und blieb in Förderung bis zu seiner Stillegung 1972. Die zur Zeche gehörige Kokerei arbeitete noch bis 1983. Inzwischen sind sämtliche Anlagen abgebrochen worden.

Abb. 115. Aufnahme von 1932.
Eine der drei Krupp-Siedlungen für die Zeche Emscher-Lippe in Datteln (vgl. Abb. 114) war die Kolonie Beisenkamp, die von dem Essener Architekten Robert Schmohl in den Jahren von 1907 bis 1912 erbaut worden ist. Sie war als Weiterentwicklung der Kolonie Dahlhauser Heide in Bochum-Hordel (vgl. Abb. 57) als Imitation eines idyllischen münsterländischen Dorfes konzipiert. Leider sind die meisten Häuser der Siedlung nach der Privatisierung so umgestaltet und mit Anbauten versehen worden, daß der in den siebziger Jahren erwogene Plan, die Gesamtanlage unter Denkmalschutz zu stellen, inzwischen fallengelassen worden ist.

Abb. 116. Aufnahme von 1929.
Das Schiffshebewerk Henrichenburg bei Waltrop, eingeweiht im Jahre 1899 von Kaiser Wilhelm II., ist eine technische Meisterleistung. Das Problem bestand darin, einen 14 Meter hohen Höhenunterschied im Dortmund-Ems-Kanal ohne Wasserverlust zu überwinden. Die Lösung bestand darin, einen wassergefüllten Trog zu konstruieren, der unter Ausnutzung des natürlichen Auftriebs die Kanalschiffe mitsamt der Wasserfüllung quasi wie in einem „Schiffsfahrstuhl“ hinaufhob oder hinabließ. 1962 wurde in unmittelbarer Nähe ein neues Schiffshebewerk errichtet, das größere Schiffe aufnehmen konnte. Nachdem das alte Schiffshebewerk jahrzehntelang unbenutzt allmählich verrottete, hat man es in jüngster Zeit restauriert. So wird es als eines der zahlreichen technikgeschichtlichen Denkmale des Ruhrgebiets erhalten bleiben.
Zum „Schleusenensemble“ in Waltrop gehören mittlerweile vier Schleusen- bzw. Hebewerkanlagen, deren jüngste 1989 in Betrieb genommen wurde.

Abb. 117. Aufnahme von 1929. Unmittelbar neben dem Schiffshebewerk Henrichenburg (vgl. Abb. 116) baute man in den Jahren von 1908 bis 1917 eine zusätzliche Schachtschleuse (95 Meter lang, 10 Meter breit), die äußerst wassersparend angelegt wurde. Die Schleusenfüllung wurde in zehn Wasserbecken abgepumpt und zur nächsten Füllung wieder verwendet. So wurde also beim Zu-Tal-Schleusen der Wasserverlust des Dortmund-Ems-Kanals auf ein Minimum reduziert.

Abb. 118. Aufnahme von 1926.
Der erste Schacht der Zeche Preußen in Lünen (oben im Bild) wurde bereits 1873 abgeteuft. Doch starke Wassereinbrüche ließen die Aufnahme der Förderung erst 1895 zu. Bereits Ende der zwanziger Jahre wurde die Zeche wieder stillgelegt. Ihre Grubenfelder wurden von den Bergwerken Gneisenau und Victoria (vgl. Abb. 119) weiter ausgebeutet.
Die Bergmannssiedlung der Zeche Preußen hat bis heute viel von ihrem großzügigen und ursprünglichen Zustand aus der Jahrhundertwende erhalten.

Abb. 119. Aufnahme von 1928.
Die Zeche Victoria in Lünen nahm ihre Förderung im Jahre 910 auf. Sie verfügte als Fördergerüste auf den Schächten 1 und 2 über zwei sogenannte Tomsonböcke (rechts im Bild). Die Übertageanlagen wurden im Zweiten Weltkrieg teilweise zerstört. 1950 konnte aber wieder gefördert werden. 1964 wurde die Anlage stillgelegt. Am oberen Bildrand ist die Silhouette der Stadt Lünen sichtbar.

Abb. 120. Aufnahme von 1935.
Schloß Cappenberg in Selm ist einer der ältesten und berühmtesten Adelssitze des westfälischen Ruhrgebietes. 1122 schenkten die Grafen von Cappenberg ihre Burg dem Prämonstratenserorden, der hier bis zum Jahre 1806 ein Kloster unterhielt. 1816 erwarb der preußische Minister und Reichsfreiherr vom und zum Stein das Schloß, das er bis zu seinem Tode (1831) bewohnte. Noch heute ist die Anlage im Besitz seiner Nachfahren. In der aus dem 18. Jahrhundert stammenden Kirche des Schlosses befinden sich einzigartige Kunstschätze, so ein Kopfreliquiar aus dem 12. Jahrhundert, dessen Züge Kaiser Friedrich Barbarossa zugeschrieben werden.
Heute wird Schloß Cappenberg als Forum für Kunst- und kunsthistorische Ausstellungen genutzt.

Abb. 121. Aufnahme von 1927.
Hamm ist eine der jüngeren Städte des Ruhrgebietes. Ihre Gründung im Jahre 1226 verdankt sie ungewöhnlichen Umständen: nachdem die in der Nähe gelegene Burg und Stadt Nienbrügge zerstört worden war, um ihren Herrn, Graf Friedrich von Isenberg, wegen des Mordes an Erzbischof Engelbert von Köln zu bestrafen, siedelte Graf Adolf I. von der Mark die heimatlos gewordenen Nienbrügger „auf dem Hamm", einer Landzunge zwischen den Flüssen Ahse und Lippe, an.

Auch Hamm blieb, nachdem man Kohle gefunden hatte, von den Umbrüchen der Industrialisierung nicht verschont. Doch beherrschender Mittelpunkt blieb stets der Markt mit der 1275 nach einem Stadtbrand errichteten Pauluskirche (Bildzentrum), einem Bauwerk aus der Übergangszeit zwischen Früh- und Hochgotik. Nach schweren Zerstörungen im Zweiten Weltkrieg wurde die Pauluskirche wieder aufgebaut und erhielt anstelle der barocken Turmhaube den ursprünglichen Spitzturm zurück.

Abb. 122. Aufnahme von 1930.
Der Hauptbahnhof von Hamm. Mehr noch als der Bergbau brachte der Anschluß an das Eisenbahnnetz des Ruhrgebietes dem ehemaligen Handels- und Hansestädtchen Hamm im 19. Jahrhundert wirtschaftlichen Aufschwung. 1847 wurde die Strecke Duisburg – Hamm der Köln-Mindener Eisenbahngesellschaft eröffnet, und schnell entwickelte sich Hamm zum wichtigsten Eisenbahnknotenpunkt im östlichen Revier. Der Hammer Hauptbahnhof wurde zum Umsteigebahnhof des überregionalen Personenverkehrs, was u. a. dazu führte, daß hier – und nicht etwa in Münster – ein Oberlandesgericht und eine Generalstaatsanwaltschaft für den westfälischen Raum gegründet wurden. In den dreißiger Jahren unseres Jahrhunderts war der Hammer Rangierbahnhof der größte und leistungsfähigste des Ruhrgebietes. Noch heute halten hier täglich rund 300 Reisezüge. Dazu gehören die Züge des Nahverkehrs ebenso wie die internationalen Fernverbindungen, die bis nach Paris oder Warschau reichen.

←
Abb. 123. Aufnahme von 1928.
Die Zeche Radbod in Hamm-Bockum-Hövel. Hier wird seit 1906 Kohle gefördert, bisher insgesamt weit über 70 Millionen Tonnen. Nachdem die südlichen Lagerstätten erschöpft waren, drohte in jüngerer Zeit die Stillegung der Anlage. Doch konnten neue Schächte über einem Anschlußfeld im Norden niedergebracht werden, so daß der für Hamm wichtige Industriestandort erhalten bleibt.
1908 ereignete sich auf der Zeche Radbod eine Schlagwetterexplosion, bei der 348 Bergleute den Tod fanden. Es war das schwerste Grubenunglück in der Geschichte des deutschen Bergbaus, ausgelöst vermutlich durch eine defekte Benzinsicherheitslampe. So wurde erstmalig auf der Zeche Radbod – und später in allen Bergwerken des Reviers – die ausschließliche Benutzung elektrischer Grubenlampen angeordnet.
Im Bildhintergrund sieht man eine typische Bergsenkung, die häufig – gerade in der Nähe der Lippe – zur Entstehung von Seen führte.

←
Abb. 124. Aufnahme von 1928.
In Bad Hamm, dem östlichen Ortsteil von Hamm, gibt es seit 1877 Sole-Thermalquellen, die im Zuge des Bergbaus erschlossen worden waren. Im Bild die alten Kuranlagen mit Tennisplätzen. Seit 1963 besteht in Bad Hamm die Klinik für manuelle Therapie. Der 31 Hektar große Kurpark und das Kurhaus sind inzwischen neu gestaltet worden.

Abb. 125. Aufnahme von 1926.
Das Wasserschloß Heessen in Hamm-Heessen hat eine lange Tradition, die bis in das Jahr 975 zurückreicht.
Das Haupthaus stammt aus dem 16. Jahrhundert, wurde aber um 1905 im neugotischen Stil umgestaltet. Besonders interessant am Bauwerk sind die in Ziegelmauerwerk ausgeführten Treppengiebel. Heute befindet sich in der Schloßanlage ein Internat.

Am Niederrhein

Dinslaken, Moers, Kamp-Lintfort, Rheinberg, Voerde, Wesel, Xanten

Abb. 126. Aufnahme von 1926.
Auf der Zeche Lohberg im Norden von Dinslaken, hier eine Aufnahme der Schachtanlage I/II, begann die Kohleförderung im Jahre 1912. Bis heute sind es rund 130 Millionen Tonnen. Zur Zeit wird eine neue Hauptfördersohle in 1300 Meter Tiefe abgeteuft. Damit ist die Förderung über das Jahr 2000 hinaus gesichert. Seit 1953 steht über Schacht 2 ein modernes Doppelfördergerüst, errichtet nach einem Entwurf des Industriearchitekten Fritz Schupp. Rechts im Bild sieht man noch die alte zur Zeche gehörige Ziegelei. Am rechten unteren Bildrand befindet sich die Bergehalde „Gärtnerbecken", die heute als Freizeitfläche gestaltet ist.

Abb. 127. Aufnahme von 1924. Linksrheinisch, am westlichen Rand des Ruhrgebietes, liegt die alte Grafenstadt Moers, die auf unserer Luftaufnahme noch ein relativ geschlossenes Bild zeigt. Moers, dem die Stadtrechte 1300 verliehen wurden, geht auf eine Wasserburg aus dem 13. Jahrhundert zurück. Diese wurde Anfang des 17. Jahrhunderts neu angelegt. Erhalten ist nur noch der Westturm. Einst gab es in Moers einen der bedeutendsten niederrheinischen Flachsmärkte.

Abb. 128. Aufnahme von 1926.
Kloster Kamp in Kamp-Lintfort. 1222 gründete Erzbischof Friedrich I. von Köln hier das erste Zisterzienserkloster auf deutschem Boden, das zu Beginn des 15. Jahrhunderts vollständig neu gebaut wurde. Die Mönche wurden bald zu Lehrmeistern im Gartenbau (Salatanbau, Bienenzucht, Rodung und Kultivierung von Moorland), so daß sich das Kloster im 15. Jahrhundert zu einem der reichsten im Rheinland entwickelte und neben dem Benediktinerkloster Werden zu einem der bedeutenden mittelalterlichen Kulturzentren des „Ruhrgebietes“ wurde. Tochterklöster von Kamp erschlossen den deutschen Osten bis hin nach Livland und Kurland. 1802 wurde das Kloster im Zuge der Säkularisation aufgehoben, doch haben Karmeliter hier 1954 eine neue Niederlassung gegründet. In jüngster Zeit sind die alten Terrassengärten nach historischem Vorbild wieder hergerichtet und für die Öffentlichkeit freigegeben worden.

Abb. 129. Aufnahme von 1926.
Auf der Zeche Friedrich Heinrich in Kamp-Lintfort (hier die Schachtanlage I/II) wird seit 1912 Kohle gefördert, bislang rund 140 Millionen Tonnen. Noch heute sind an den langgestreckten Übertageanlagen zahlreiche Jugendstilelemente zu entdecken. Eines der auf dem Bild zu erkennenden beiden Deutschen Strebegerüste mit nebeneinanderliegenden Seilscheiben steht noch heute und wird als denkmalwürdig angesehen. Die „Altsiedlung" (Bildhintergrund) entstand als Gartenstadtkolonie in den zwanziger und dreißiger Jahren und ist in neuerer Zeit zu großen Teilen sorgfältig restauriert worden.

Abb. 130. Aufnahme von 1928.
Rheinberg, als Siedlung seit etwa 1000 Jahren bekannt, lag früher unmittelbar am Rhein und hatte einige Bedeutung als kurkölnische Zollstelle und Marktplatz. 1688, während einer Hochwasserperiode mit Stau durch Eisbildung, verlagerte der Rhein sein Bett zwei Kilometer ostwärts auf preußisches Gebiet. Die Preußen bauten das neue Bett aus und sperrten den alten Rheinarm ab, so daß fortan die kölnische Zollstätte wegfiel. Auf unserem Luftbild ist noch die alte Stadtanlage mit den Festungswällen sichtbar, die teilweise auf das 14. Jahrhundert zurückgehen. Im Bildzentrum eine 1846 gegründete Bitterlikörfabrik.

Abb. 131. Aufnahme von 1928.
Das kleine Städtchen (Rheinberg-)Orsoy, seit 1343 im Besitz der Stadtrechte, war bis 1672 Zollstelle und bedeutende klevische Rheinfestung gegen das nahegelegene kurkölnische Rheinberg. Nach der Eroberung durch ein Heer Ludwigs XIV. endete die militärische Bedeutung Orsoys, doch blieb der Ort noch bis zur Mitte des 19. Jahrhunderts Zollstelle. Die alten Festungsanlagen zählen zu den besterhaltenen in Deutschland. An der auf der Luftaufnahme erkennbaren Bebauung hat sich bis heute nicht allzu viel verändert. Am unteren Bildrand ragt der heute noch erhaltene Pulverturm aus dem 16. Jahrhundert empor.

Abb. 132. Aufnahme von 1926. Götterswickerhamm (Stadtteil von Voerde) hat bis heute seinen dörflichen Charakter bewahrt. Seit der Wende vom 11. zum 12. Jahrhundert hatte hier das Adelsgeschlecht von Götterswick seinen Sitz, dessen Nachfahren, die Fürsten von Bentheim-Steinfurt heute noch in Westfalen fortleben. Die romanische Kirche aus dem 13. Jahrhundert ist gegen 1830 nach Plänen von Karl Friedrich Schinkel umgebaut worden.
Die sog. Windschutzstreifenlandschaft (Bildhintergrund) ist typisch für die niederrheinische Region.

Abb. 133. Aufnahme von 1927.
Blick über Wesel, wie es einmal war. Nachdem die Stadt 1945 zu 94% zerstört war, wurde sie nach modernen Gesichtspunkten gegliedert und wieder aufgebaut.
Wesel blickt auf eine lange und traditionsreiche Geschichte zurück. Der Ort entwickelte sich im 9./10. Jahrhundert um einen karolingischen Reichshof. 1233 wurde die Siedlung klevisch und 1241 zur Stadt erhoben. Im 15. Jahrhundert erblühte die Hansestadt (seit 1407) zu einem Kulturmittelpunkt, in dem der Humanismus gepflegt wurde und von dem die Reformation in der Region ihren Ausgang nahm. Bis zu Beginn der Industrialisierung im 19. Jahrhundert war Wesel 300 Jahre lang – nicht zuletzt wegen seiner verkehrsgünstigen Lage am Rhein – Kriegsschauplatz und Preußenfestung, in deren Garnison zeitweise 5000 Soldaten stationiert waren. Aus Wesel stammen der Maler Bartholomäus de Bruyn und Konrad Duden, der im Deutschen Reich die Rechtschreibung vereinheitlichte.

Abb. 134. Aufnahme um 1930.
Das Berliner Tor in Wesel. 1678 wurde auf Befehl des Großen Kurfürsten in Wesel eine Zitadelle mit Bastionen angelegt, die von 1702 bis 1727 ausgebaut und mit befestigten Toren versehen wurde. Eines davon war das Berliner Tor, das in den Bombennächten von 1945 zerstört, nach Kriegsende aber wieder aufgebaut worden ist.

Abb. 135. Aufnahme von 1929.
Der Viktorsdom in Xanten. Der Name der Stadt wird von „Ad sanctos" (Bei den Heiligen) abgeleitet und bezieht sich auf die Vergangenheit des Ortes als römisches Legionslager. Nach der Legende sollen sich im vierten Jahrhundert 360 Soldaten der sogenannten „Thebäischen Legion" geweigert haben, dem römischen Kaiser, und damit den heidnischen Göttern, zu opfern und stattdessen den Märtyrertod vorgezogen haben. Einer von ihnen war Viktor, über dessen vermeintlichem Grab schon früh eine Kirche erbaut wurde, die allerdings den Normanneneinfällen im 9. Jahrhundert zum Opfer fiel. Seit 1180 entstand an ihrer Stelle in einer Bauzeit von rund 300 Jahren der Viktorsdom, noch heute der größte Sakralbau am Niederrhein. Eine besondere Wallfahrt, die Viktorstracht, findet seit 1288 alle 50 Jahre statt; dieser Rhythmus wurde nur 1966 unterbrochen, als eine außerordentliche Viktorstracht zur Weihe des nach dem Krieg wieder aufgebauten Domes abgehalten wurde. Heute ist Xanten eine Stadt mit großem Freizeitwert (u. a. Archäologischer Park).

Ortsregister

(Die Zahlen beziehen sich auf die Abbildungsnummern)

Sachregister

(Die Zahlen beziehen sich auf die Abbildungsnummern)